Erfolgskonzepte für Food-Start-ups

Tobias Gross

Erfolgskonzepte für Food-Start-ups

Best Practices und Handlungsempfehlungen für Gründer

Mit einem Vorwort von Felix Thönnessen.

Tobias Gross
Gross Food Consulting & Marketing
Mainz, Deutschland

ISBN 978-3-658-38045-8   ISBN 978-3-658-38046-5 (eBook)
https://doi.org/10.1007/978-3-658-38046-5

Die Deutsche Nationalbibliothek verzeichnet diese Publikation in der Deutschen Nationalbibliografie; detaillierte bibliografische Daten sind im Internet über http://dnb.d-nb.de abrufbar.

Springer
© Der/die Herausgeber bzw. der/die Autor(en), exklusiv lizenziert an Springer Fachmedien Wiesbaden GmbH, ein Teil von Springer Nature 2022
Das Werk einschließlich aller seiner Teile ist urheberrechtlich geschützt. Jede Verwertung, die nicht ausdrücklich vom Urheberrechtsgesetz zugelassen ist, bedarf der vorherigen Zustimmung des Verlags. Das gilt insbesondere für Vervielfältigungen, Bearbeitungen, Übersetzungen, Mikroverfilmungen und die Einspeicherung und Verarbeitung in elektronischen Systemen.
Die Wiedergabe von allgemein beschreibenden Bezeichnungen, Marken, Unternehmensnamen etc. in diesem Werk bedeutet nicht, dass diese frei durch jedermann benutzt werden dürfen. Die Berechtigung zur Benutzung unterliegt, auch ohne gesonderten Hinweis hierzu, den Regeln des Markenrechts. Die Rechte des jeweiligen Zeicheninhabers sind zu beachten.
Der Verlag, die Autoren und die Herausgeber gehen davon aus, dass die Angaben und Informationen in diesem Werk zum Zeitpunkt der Veröffentlichung vollständig und korrekt sind. Weder der Verlag, noch die Autoren oder die Herausgeber übernehmen, ausdrücklich oder implizit, Gewähr für den Inhalt des Werkes, etwaige Fehler oder Äußerungen. Der Verlag bleibt im Hinblick auf geografische Zuordnungen und Gebietsbezeichnungen in veröffentlichten Karten und Institutionsadressen neutral.

Titelbild: BullRun – stock.adobe.com

Planung/Lektorat: Irene Buttkus
Springer ist ein Imprint der eingetragenen Gesellschaft Springer Fachmedien Wiesbaden GmbH und ist ein Teil von Springer Nature.
Die Anschrift der Gesellschaft ist: Abraham-Lincoln-Str. 46, 65189 Wiesbaden, Germany

Vorwort von Felix Thönnessen

Der Food-&-Beverage-Markt ist ein äußerst dynamischer Markt. Über 6000 Unternehmen kämpfen mit ihren Produkten um die Gunst der deutschen Verbraucher. Beinah täglich gibt es neue Gründungen. Manche Start-ups erleben eine rasante Erfolgsgeschichte. Von anderen hört man irgendwann nie mehr. Der Food-&-Beverage-Markt ist riesig, aber er ist auch ein Haifischbecken. Nicht gerade der leichteste Markt.

Egal, was Du für ein Unternehmen gründest, egal, wie gut deine Produktidee ist, du wirst auf deinem Weg zum Erfolg immer wieder auf Stolpersteine treffen. Du wirst Rückschläge erleiden und Probleme lösen müssen. Doch es gibt eine Chance, dich auf die Schwierigkeiten vorzubereiten, die dich erwarten. Du musst dir von vornherein Wissen aneignen. Du musst das Knowhow von Experten nutzen, die schon viele Erfahrungen hinter sich haben und Lösungswege kennen. Das hilft dir, Fehler zu vermeiden und auf Probleme reagieren zu können. Du kannst erfolgreiche Gründer*innen zum Vorbild oder als Benchmark nehmen. Du kannst ihr Wissen als Inspiration nutzen. So kommst du mit deinem Business schneller und erfolgreicher voran.

Das Buch, das Tobias Gross geschrieben hat, bietet dir jede Menge Wissen, das sich andere erst mühsam aneignen müssen. Du findest darin eine Unmenge von Tipps und Hilfestellungen für alles, was du auf deinem Weg zum erfolgreichen Start-up brauchst: Wie finde ich die richtige

Produktidee, was ist überhaupt meine Zielgruppe und wie spreche ich sie an? Mit welcher Sortimentspolitik gehe ich an den Start, was ist meine Markteroberungsstrategie? Wie setze ich mich gegenüber etablierten Marktteilnehmern oder anderen Start-ups durch? Welche Story macht mich einzigartig?

Es enthält tolle Rückschlagsvermeidungsstrategien und wertvolle Insights durch Experteninterviews.

Ich habe bei der Höhle der Löwen zahlreiche Gründer*innen auch aus dem Food-&-Beverage-Bereich kennengelernt und als Berater betreut. Ich kann dir sagen: Auch Unternehmen, die heute toperfolgreich sind, hatten mit Rückschlägen zu kämpfen. Doch eines hatten alle gemeinsam: Sie haben für ihren Traum gekämpft und sind zäh und clever „drangeblieben". Deshalb mein Rat für dich: Lass dich von niemandem von deiner Idee abbringen. Auch, wenn es schwierig wird: Schütze deinen Traum und arbeite einfach weiter. Dieses Buch hilft dir dabei – schon vor der Gründung. Es ist eine wertvolle Unterstützung für dich. Denn es zeigt dir genau die Abkürzungen, die dir auf deinem Erfolgsweg nützlich sind.

Ich wünsche dir viel Spaß beim Lesen und viel Erfolg.

Felix Thönnessen

Danksagung

Wenn ein Buch erscheint, so steht immer der Name des Autors im Vordergrund. Das ist nicht besonders fair, weil es immer vieler Menschen bedarf, die eine solche Publikation überhaupt erst ermöglichen. Das war natürlich auch bei mir der Fall. Und die lieben Menschen, die mir während des Schreibens eine Hilfe gewesen sind, sollen hier nun besondere Erwähnung finden. Ich hoffe, an alle gedacht zu haben.

Dieses Buch war für mich eine besondere Reise. Es hat etwa ein Jahr gedauert von der Idee bis zum fertigen Manuskript. Während dieser Reise gab es einige Hochs und Tiefs, durch die mich wichtige Menschen begleitet haben. Ganz besonders Dankbar bin ich meiner Frau Kim, die mich bei allen Ideen unterstützt und mir den Rücken freihält. Außerdem hat sie mich als Korrektorin stark unterstützt und das Manuskript fast so oft Korrektur gelesen wie ich selbst. Dafür danke ich ihr von ganzem Herzen. Bis ich an dem Punkt war mir zuzutrauen ein Buch zu schreiben, haben mich natürlich noch weitere Menschen unterstützt. Ein besonderer Dank gilt auch meinen Eltern. Ich bin mir sicher, dass es einen starken Einfluss darauf hat, dass ich schon früh viel ausprobieren durfte. Außerdem danke ich Robin Statt für die vielen Trainingsstunden, bei denen wir uns ausgetauscht haben und Thomas Schlegel für die langjährige Freundschaft und Unterstützung.

Des Weiteren möchte ich meinen Lektorinnen Anna Schmidt und Irene Buttkus danken, die mich in der Überarbeitung meiner Verlagsunterlagen stark unterstützt haben. Was bei meinen geistigen Ergüssen schlussendlich dort gelandet ist, nämlich auf dem vormals leeren Blatt, musste alles zunächst meine Lektorin lesen. Das war bestimmt nicht immer einfach. Und was sie daraus gemacht hat, ist einfach phänomenal. Innigen Dank also, liebe Anna Schmidt, für ihr wunderbares Lektorat und an Irene Buttkus vom Springer Verlag für ihre Unterstützung.

Im März 2020 bin ich mit meinem „Food Experten Podcast" gestartet, seitdem ist viel passiert. Ich hatte wahnsinnig viele und super spannende Interviews. Daher möchte ich all meinen Gästen danken, die mit ihrem Input zahlreich in dieses Buch eingezahlt haben. In der anschließenden Expertenübersicht sind alle Beitragenden namentlich erwähnt.

Mein ganz besonderer Dank gilt allen Food-Start-ups, die versuchen, die Lebensmittelbranche besser zu machen. Euch widme ich dieses Buch in der Hoffnung, euch damit weiterzubringen. Lasst uns weiterhin gemeinsam die Lebensmittelwelt verbessern.

Stadecken-Elsheim, im Frühjahr 2022
Tobias Gross

Expertenübersicht

Folgenden Experten danke ich für ihren wertvollen Input. Sie waren zu Gast in meinem Podcast und kommen auch in diesem Buch zu Wort:

Aaron Globes von eat excellence
Anna Gliemer von der Naturpatisserie Gleem
Benedikt Rapp und Sebastian Benetele von eatPlants
Benjamin Jakob von BenFit Nutrition
Cecilia Antoni von Bohnikat
Christoph Jestädt von LieberSchorli
Daniel Anthes von Knärzje
Dr. Helmut Leopold von myEnso
Eva Vollmer vom Weingut Vollmer
Gabriele Riedl von Pastakultur
Gina Benz von der Feinkostmanufaktur Benz

Danksagung   **IX**

Jan Kaltenthaler von der Wein- und Essigmanufaktur Kaltenthaler
Jörg Daunke von J.Kinski
Jörn Gutowski von Try Foods und Kofu
Julia Bonk von Gastro-Marktplatz
Julia Piechotta und Amelie Vermeer von Spoontainable
Julian Hantke von ZestUp
Karl-Heinz Wenisch von eatLy
Konstantin Timm von KaleAndMe
Konstatin Jessen von D'cada
Malte Steiert von Food Guide
Marina Herter von HappySnäx
Marlies Resch vom FSIWS
Martin Grellner von Djoon
Martin und Darja Schneider von EsFck
Nicole Klauß Expertin für alkohlfreie Speisebegleitungen
Olaf Deininger und Hendrik Haase als Autoren von Food Code
Olga Graf von den Food Kompanions
Oliver Stahl von Hofladen Express
Petra Nieding von der Bio-Metzgerei Stephan
Phil Taube von Sales Patrol
Raphael Fellmer von SIRPLUS
Sabrina Becker vom Weingut Becker
Tobias Gunzenhauser von Yamo
Tristan Bruemmer von JoyBraeu
Tu-Nhu von Mama Wong
Vera Becker von TwoBakeGirls
Werner Häfele von der Metzgerei Häfele
Wolf Michael Nietzer, Investor

Inhaltsverzeichnis

1 **Alles beginnt mit einer Vision: Der Traum von der großen Ernte** . . . 1
  1.1 Lebensmittelverschwendung . . . 2
  1.2 Bodenfruchtbarkeit . . . 2
  1.3 Plastik . . . 3
  1.4 Ernährungsbedingte Krankheiten . . . 3
  1.5 Massentierhaltung . . . 4
  1.6 Bevölkerungswachstum . . . 4
  1.7 Food-Start-ups verändern die Welt . . . 4
  Literatur . . . 6

2 **Allein oder im Team: Hausgarten oder Streuobstwiese** . . . 9
  Literatur . . . 13

3 **Planung: Wohin soll die Reise gehen?** . . . 15
  3.1 Die Vision . . . 18
  3.2 Die Mission . . . 19
  3.3 Das Problem mit der Vision und der Mission . . . 21
  3.4 Wie findest du deine Vision und Mission? . . . 21
  Am Beispiel des Apfelbaums . . . 22
  Literatur . . . 22

4	**Das Geschäftsmodell: Was passiert mit den ganzen Äpfeln?**	25
	4.1 Mega-Trends	26
	4.2 Geschäftsmodell-Entwicklung mit dem Canvas-Business-Modell	28
	Ihr habt	35
	Literatur	35
5	**Balanced Scorecard: Ordnung in der Apfelplantage**	37
	5.1 Umfeldanalyse: Außerhalb der Apfelplantage	38
	5.2 Interne Analyse: Innerhalb der Apfelplantage	38
	5.3 SWOT-Analyse: Kombination der internen und Umfeldanalyse	41
	Literatur	42
6	**Strategieentwicklung: Der Weg zum Erfolg**	43
	Literatur	46
7	**Strategy Map: Beziehungen, die zum Erfolg führen**	47
	7.1 Maßnahmen zur Zielerreichung	50
	7.2 Kennzahlen der Balanced Scorecard	51
	Literatur	52
8	**MVP: Der perfekte Apfel**	53
	Literatur	58
9	**Regelbruch: Die Birne am Apfelbaum**	61
	Literatur	71
10	**Finanzierung: Wer bezahlt den ersten Baum?**	73
	10.1 Crowdfunding-Kampagnen	81
	10.2 Crowdinvesting	84
	10.3 Bootstrapping	84

10.4	Fremdkapital	85
10.5	Genussrechte	86
10.6	Finanzierungsmodelle mit Bürgerbeteiligung	87
10.7	Zeitpunkte der Finanzierung	87
10.8	Fördermittel	88
	10.8.1 Beratungsförderung	88
	10.8.2 Geförderte Kredite	88
	10.8.3 Gründungszuschuss	88
	10.8.4 Invest-Zuschuss für Wagniskapitel	89
	10.8.5 Exist-Programm	89
	10.8.6 Mikromezzaninfonds	89
Literatur		89

11 Positionierung in gesättigten Märkten: Marketing für den einen Apfel unter vielen — 93
- 11.1 Marktforschung: Wie groß ist der Apfelmarkt? — 97
- 11.2 Konsumentenforschung: Wer will meine Äpfel essen? — 97
- 11.3 Den Preis kalkulieren — 101
- 11.4 Die Marge berechnen — 102
- 11.5 Verpackung und Displays — 103
- 11.6 Firmierung: Wie soll der Apfel heißen? — 105
- 11.7 Online-Marketing — 107
- 11.8 Marketing-Hacks — 109
- 11.9 Markteintritts-Strategien — 110
- Literatur — 112

12 Pressearbeit — 115
- Literatur — 117

13 Produktion: Aus Äpfeln wird Apfelkuchen — 119
- 13.1 Equipment für deine erste Produktion — 120
- 13.2 Skalierung mit einem Lohnproduzenten — 122
- Literatur — 125

14	**Vertrieb – Wohin mit den ganzen Äpfeln?**	127
	14.1 Der Lebensmitteleinzelhandel in Deutschland	132
	14.2 Alternativen zum LEH	137
	14.3 Eigener Außendienst	142
	Literatur	143
15	**Anlaufstellen und Infrastruktur**	147
	Literatur	158
16	**Ein paar letzte Tipps**	159
	Literatur	161

Weiterführende Literatur und Buch-Empfehlungen der Experten 163

Glossar

Bootstrapping
Dein Start-up wächst aus eigener Liquidität. Du verzichtest auf Fremdkapital aus, sowohl von Privatinvestoren als auch Banken. [1]

COGS
Cost of Goods Sold (EK für Händler) ist ein Begriff aus der Betriebswirtschaftslehre und bezeichnet Kosten, die in einem unmittelbaren Zusammenhang mit den produzierten Waren bzw. Dienstleistungen stehen. Es handelt sich dabei um die Herstellungskosten im Umsatzkostenverfahren. [2]

Cross-Selling
Beim Cross-Selling geht es darum Zusatzverkäufe zu generieren. Ein typisches Beispiel ist Hollandaise-Sauce im Gemüsebereich neben dem Spargel zu platzieren. [3]

Mega-Trends
Im Gegensatz zu Trends bestehen Mega-Trends über mehrere Jahrzehnte. Es sind globale Phänomene, die alle Gesellschaftsschichten betreffen. [4]

Pitch Deck

Eine Präsentationsmappe/Datei, in der dein Start-up kurz und bündig erklärt wird. Folgendes sollte unbedingt enthalten sein:

- Hook – Was schafft Aufmerksamkeit gleich zu Beginn?
- Problem – Welches Kundenproblem wird gelöst und warum ist das so wichtig?
- Solution – Wie wollen wir das Problem lösen oder wie haben wir es gelöst?
- Magic – Was ist unsere Kernkompetenz und unser Unfair Advantage und was macht uns besonders? Wie sieht der Progress aus?
- Money – Wie haben wir vor, damit Geld zu verdienen bzw. was ist unser Geschäftsmodell (inkl. Marktgröße?)
- Customer Acquisition – Wie generieren wir Kunden, mit welchem Wert und zu welchen Kosten? Wie lässt sich der Weg skalieren?
- Competition – Wie positionieren wir uns ausgehend von Top-Prioritäten der Kunden gegenüber den andern Marktteilnehmern?
- Team – Wer ist im Team und warum sind wir die Richtigen?
- Status – Wo stehen wir gerade (zahlentechnisch) und wie sind die Entwicklungen? (Bspw. Umsatz, Kunden)
- Call to Action – Was wollen wir vom Zuhörer?

Retargeting

Dabei werden im Online-Marketing Besucher „markiert" und durch gezielte Werbung erneut angesprochen. [5]

Reziprozität

Dieser Begriff meint Gegenseitigkeit/Wechselbezüglichkeit, beispielsweise: Wenn du mich zu deinem Geburtstag einlädst, habe ich das innere Bedürfnis, dich auch zu meinem einzuladen. [6]

SEO

SEO steht für Suchmaschinenoptimierung. Es geht um Begriffe in Online-Texten, die dafür sorgen, dass dein Start-up und deine Produkte von Suchmaschinen besser zu finden sind. [7]

Upselling

Beim Upselling geht es ebenfalls um Zusatzverkäufe – jedoch anderer Art. Damit sind Zusatzprodukte oder Dienstleistungen gemeint die ergänzend wirken. Beispielsweise eine Grillschürze bei einem Grillkauf. [8]

USP (Unique Selling Proposition)

Der USP ist die Umschreibung für dein Alleinstellungsmerkmal. Es beschreibt den Kundennutzen und warum Kunden dein Produkt kaufen oder kaufen sollen. Du verkaufst keine Produkteigenschaften, sondern emotionalen Kundennutzen (=Kaufanreiz). Red Bull zum Beispiel verkauft keine zucker- und koffeinhaltigen Getränke, sondern „Freiheit durch Flügel". [9]

Literatur

1. Erlei M (2018) Reziprozität. In: Gabler Wirtschaftslexikon. https://wirtschaftslexikon.gabler.de/definition/reziprozitaet-42530/version-265876. Zugegriffen am 09.05.2022
2. Deutschland gründet: Bootstrapping. https://www.deutschland-startet.de/bootstrapping/#:~:text=Bootstrapping%20ist%20eine%20Finanzierungsform%20der,bei%20gleichzeitiger%20Maximierung%20der%20Einnahmen. Zugegriffen am 12.06.2022
3. Fernando J (2021) https://www.investopedia.com/terms/c/cogs.asp. Zugegriffen am 07.06.2021
4. Prof. Dr. Fred Wagner: Cross Selling. https://wirtschaftslexikon.gabler.de/definition/cross-selling-29491/version-253094. Zugegriffen am 12.06.2022
5. Rützler H, Reiter W (2021) Food Report. Zukunftsinstitut, Frankfurt
6. Keil M (2019) „Retargeting: Erklärung & Best Practices". https://blog.hubspot.de/marketing/retargeting-beispiele. Zugegriffen am 12.06.2022
7. Prof. Dr. Daniel, M (2018) „Suchenmaschinenoptimierung". https://wirtschaftslexikon.gabler.de/definition/suchmaschinenmarketing-53618/version-276691

8. Caroline Bimbo Afolalu (2018). Stonewood USA How to start a Business: A Guide to starting and growing a food business. Whitestone Books.
9. Prof. Dr. Daniel M (2018) „Unique Selling Proposition". https://wirtschaftslexikon.gabler.de/definition/unique-selling-proposition-usp-50075/version-273300

1

Alles beginnt mit einer Vision: Der Traum von der großen Ernte

Zusammenfassung Food begeistert alle Menschen. Denn Lebensmittel verbinden nicht nur Altersgruppen und Nationen, sondern können auch Brücken bauen. Ob mit der Familie oder in der Kantine, im Restaurant, auf Instagram oder Foodblogs: Zwangsläufig beschäftigen wir uns ständig mit Lebensmitteln. Dies ist vermutlich der Grund, weshalb das Thema so viele Menschen begeistert. Auf der anderen Seite birgt es aber auch viele Herausforderungen wie Massentierhaltung, Bodenfruchtbarkeit, ernährungsbedingte Krankheiten, Transportwege, CO_2-Belastung und viele weitere mehr. Für all diese Probleme werden Lösungen gesucht. Gefunden werden sie von jungen innovativen Gründern und Gründerinnen. Solchen, die sich schon früh mit aufkommenden Trends und lange bestehenden Problemen beschäftigen. Das Interesse an innovativen Food-Produkten ist ebenso in der breiten Masse der Gesellschaft vorhanden. Das zeigt zum einen die erfolgreiche Sendung „Die Höhle der Löwen", bei der immer wieder Food-Start-ups pitchen und ihre späteren Investoren finden. Zum anderen standen im zweiten Quartal 2020 die Gründungen im Food-Sektor in Deutschland bereits an vierter Stelle aller Gesamtgründungen [1]. Ein weiterer Grund für das große Interesse am Food-Sektor liegt in dessen breitem Spektrum: Von der Arbeit auf dem Feld über die Entwicklung einer KI für Landmaschinen bis hin zu neuen E-Commerce-Systemen ist vieles dabei, was spannende Ideen liefert. Diese Begebenheiten fordern unsere Gesellschaft heraus und bieten ungeahnte Chancen für Gründungswillige. Wie aber wird aus deiner Idee, die den Samen verkörpert, ein Geschäftsmodell, sprich ein ertragreicher Baum?

Dieses Buch gibt dir einen Leitfaden an die Hand, mit dem du deine Idee umsetzen und aus ihr ein Geschäftsmodell entwickeln kannst. Um dir einen besseren Einstieg in diese Thematik zu ermöglichen, bekommst du hier einige Beispiele von Start-ups, die sich den geschilderten Problemen bereits stellen.

1.1 Lebensmittelverschwendung

Es gibt zahlreiche Start-ups, die das Verschwenden von Lebensmitteln minimieren möchten. Sie alle könnten hier erwähnt werden.

Zwei besonders interessante sind Knärzje und Spoontainable. Knärzje verleiht altem Brot ein neues Leben. Wenn man bedenkt, dass laut aktuellen Erkenntnissen im Jahr ca. 4,5 Millionen Tonnen Backwaren hergestellt wurden und davon etwa 1,7 Millionen Tonnen [2] als Verluste zu verzeichnen waren, zeigt das, wie viel Potenzial hierin noch steckt. Das Unternehmen Knärzje rettet dieses alte Brot und braut daraus Bier. Mittlerweile sogar in Bioqualität.

Spoontainable hat dem Plastik-Eislöffel den Kampf angesagt und aus Resten der Schokoladenproduktion einen essbaren Eislöffel entwickelt.

1.2 Bodenfruchtbarkeit

Durch unsere Art der Landwirtschaft verlieren wir immer mehr fruchtbare Böden. Gut, dass sich diesem Thema bereits viele Menschen widmen. Eine Bewegung, die sich dieser Sache etwa annimmt, heißt „Market Gardening". Sie setzt sich dafür ein, auf kleiner Fläche einen möglichst hohen Ertrag zu erwirtschaften – dies, ohne in teure Maschinen zu investieren. Beim Market Gardening werden getreu dem Prinzip der Permakultur fast das ganze Jahr über vielerlei Kulturen gepflanzt und geerntet. Diese meist jungen Landwirte vertreiben Ihr Obst und Gemüse dann im Abo-Modell, bei dem sich die Kunden aus regionalen Gebieten ihre frische Ware abholen oder sich damit beliefern lassen. [3]

1.3 Plastik

Das Thema Plastik begleitet unsere Gesellschaft nun schon lange Zeit. Es wird vermutlich noch weitere Jahre in den Medien präsent sein, auch wenn Einwegplastik seit 2021 in Deutschland verboten ist. Ein Start-up, welches sich diesem Problem annimmt, ist Wisefood. Es produziert essbare Trinkhalme sowie Besteck und will damit unseren Plastikkonsum verringern.

1.4 Ernährungsbedingte Krankheiten

Die Anzahl kranker Menschen, deren Krankheitsbild auf falsche Ernährungsweisen zurückzuführen ist, steigt stetig [4]. Nun kann man darüber streiten, ob sich diese Menschen falsch ernährt haben oder ob es einen anderen Auslöser gab. Eines jedoch lässt sich nicht abstreiten: dass sich ein Großteil der Bevölkerung in der westlichen Welt schlecht ernährt! Dem gegenüber steht der starke Gesundheitstrend, den zahlreiche Start-ups gern bedienen. Mit einer Produktrange von Smoothies über pflanzliche Produkte bis hin zu Sportlernahrung mit erhöhtem Eiweißgehalt gibt es in diesem Bereich viele spannende Start-ups wie z. B. Happysnäx, BenNutrition oder Jacky F. In Deutschland sterben schätzungsweise 74.000 Menschen jedes Jahr an Alkoholkonsum und rund 1,77 Millionen Menschen zwischen 18 und 64 sind alkoholabhängig [5]. Diesem Problem widmen sich Start-ups ebenfalls und schaffen durch innovative Produkte (beispielsweise der alkoholfreie Gin von Laori) ein Geschmackserlebnis, das Alkohol überflüssig macht.

1.5 Massentierhaltung

Mindestens zweimal im Jahr erschüttern neue Skandale die Bevölkerung. Ob Käfighühner, Corona-Ausbruch im Schlachthaus oder unbetäubte Kastration bei Ferkeln – ständig gelangt etwas Neues ans Licht. Dem Setzen sich junge Gründer entgegen und entwickeln innovative pflanzliche Produkte, die den Verzicht auf Fleisch leichter machen. Hier lassen sich beispielweise eatplants anführen, die vegane Soßen und Gerichte zaubern. Ein weiteres Beispiel sind Guzmans Guzinos, die Snacks auf pflanzlicher Basis herstellen.

1.6 Bevölkerungswachstum

Es ist nicht gänzlich neu, dass die weltweite Bevölkerung weiter ansteigt. Zugleich leben immer mehr Menschen in Städten, was ein erhöhtes Logistikaufkommen zur Folge hat. Denn die Lebensmittel müssen irgendwie zu den Menschen kommen. Der Trend, der sich dieser Herausforderung stellt, ist Urban Gardening. Auch hier bereiten innovative Start-ups den Weg. Unternehmen wie Infarm, die frische Kräuter direkt im Supermarkt anbauen, zählen hier zu den erfolgreichsten. [6]

1.7 Food-Start-ups verändern die Welt

> „Corporates müssen sich fühlen wie Gulliver, der aus einem Traum erwacht und erkennt, dass er von Liliputanern (Start-ups) überwältigt wurde." [7]

Nicht selten disruptieren Start-ups ganze Branchen. In der Food-Welt ist es bereits ein wertvoller Schritt, dem Konzern einen Kratzer zu versetzen. Denn die Lebensmittelindustrie ist sehr gut platziert und zahlt seit Jahren auf die eigenen Marken ein. Start-ups sind nicht intelligenter als Corporates, sie machen ihre Fehler nur früher und passen ihre Strategie entsprechend frühzeitig an. Um Fehler zu machen, müssen Risiken eingegangen und Dinge zügig umgesetzt werden. Dieses Buch soll dich dazu inspirieren.

1 Alles beginnt mit einer Vision: Der Traum von der großen Ernte

Im Mai 2021 hat PepsiCo verkündet, bis 2030 nur noch Rohstoffe aus nachhaltigem Anbau zu beziehen [8]. Die finnische Paulig Gruppe kündigte im gleichen Zeitraum ebenfalls an, bis 2030 70 % seines Nettoumsatzes mit Produkten zu erzielen, die gut für Umwelt und Mensch sind [9]. Diese Beispiele zeigen, wie schwerfällig Lebensmittelkonzerne sind. Wenn wir als Gesellschaft radikale Lösungen für die Herausforderungen in der Lebensmittelwelt möchten, müssen die Gesellschaft und die Politik die viel wendigeren Food-Start-ups unterstützen. Denn diese reagieren frühzeitig auf Trends und neue Herausforderungen und bauen darauf ihre Geschäftsmodelle. Wenn dann eine Kooperation zwischen Start-up und Lebensmittelindustrie entsteht, die dazu führt, dass die Probleme gelöst werden, umso besser.

Zusammenfassend lässt sich feststellen, dass Food-Start-ups begeistern. Sie bauen Brücken und meistern Herausforderungen – dies schneller und agiler als Lebensmittelkonzerne. Das zeigt die hohe Relevanz von ehrgeizigen Gründern und Gründerinnen, die bereit sind, den Weg des Unternehmers bzw. der Unternehmerin einzuschlagen. Dieser Weg birgt jedoch mindestens genauso viele Herausforderungen, wie wir sie als Gesellschaft zu bewältigen haben. Denn um im Einzelhandelsregal, im Internet oder auch nur lokal im Hofladen gefunden zu werden und das eigene Produkt erfolgreich zu platzieren, erfordert es viel Knowhow, Ausdauer und natürlich zuallererst eine zündende Idee.

> „Selbstständigkeit bedeutet viel Arbeit. Aber wenn ich zurückblickend sehe, mit wie vielen großartigen Menschen wir zusammenarbeiten durften, ist das sehr erfüllend" [10]. Olga Graf von den Food Kompanions

Dieses Buch beschäftigt sich schwerpunktmäßig mit dem Food-Sektor. Also kann sich deine Idee auf einem oder auf gleich mehreren Punkten der Wertschöpfungskette befinden. Weil die Wertschöpfungskette so vielseitig ist, kann sich die Idee ganz am Anfang befinden, etwa in der Produktion von Lebensmitteln. Oder sie dockt am Ende an, z. B. in der Gastronomie oder im Handel. Solltest du eine Idee für den Lebensmittelbereich haben und obendrein einen unbedingten Umsetzungswillen, dann hast du hiermit die richtige Lektüre gefunden. Denn in diesem Buch erfährst du, wie du deine Idee in die Welt bringst. Wenn du deine

Idee nicht umsetzt, bleibt sie wertlos – und das wäre doch schade! Egal, wie du startest, ob allein oder im Team, jetzt ist es an der Zeit, um dein Geschäftsmodell zu planen.

„Das Thema Food-Start-ups ist in Deutschland noch zu sehr geargwöhnt als Spielwiese der Food-Hipster. Deshalb orientieren sich Start-ups oft eher im Ausland" [11]. Hendrik Haase

Ich begleite dich mit diesem Leitfaden, der dich in die Umsetzung bringt. Einige Dinge werden dir vielleicht bekannt vorkommen, dennoch sind sie teilweise neu interpretiert und speziell für deine Bedürfnisse in den Kontext der Food-Branche gesetzt.

Literatur

1. Statista (2021) Anzahl der Neugründungen von Startups in Deutschland nach Branchen im vierten Quartal 2020. https://de.statista.com/statistik/daten/studie/1117032/umfrage/anzahl-der-startup-gruendungen-nach-branchen/. Zugegriffen am 03.06.2021
2. Noleppa S, Cartsburg M (2015) WWF Deutschland „Das grosse Wegschmeissen". https://www.wwf.de/fileadmin/fm-wwf/Publikationen-PDF/WWF_Studie_Das_grosse_Wegschmeissen.pdf. Zugegriffen am 03.06.2021
3. Mauk U Definition Market Gardening nach Jean-Martin Fortier und Eliot Coleman. https://relavisio.de/definition-regenerative-landwirtschaft/market-gardening/. Zugegriffen am 03.06.2021
4. Bundesministerium für Bildung und Forschung. https://www.bmbf.de/de/ernaehrungsforschung-390.html. Zugegriffen am 03.06.2021
5. Aktionswoche Alkohol (2017). https://www.aktionswoche-alkohol.de/presse/fakten-mythen/zahlen-und-fakten/. Zugegriffen am 03.06.2021
6. Anja Rüweling (2020). https://f3.de/food/vertical-farming-170-mio-us-dollar-fur-infarm-786.html. Zugegriffen am 03.06.2021
7. Halecker B (2020) Dino trifft Einhorn: 55 Dinge, Die Unternehmen und Startups Voneinander Lernen Müssen, um Erfolgreich zu sein. Berlin
8. Silvia Liebrich (2021). https://www.sueddeutsche.de/wirtschaft/pepsico-landwirtschaft-nachhaltigkeit-1.5283203. Zugegriffen am 03.06.2021

9. Vegconomist (2020). https://vegconomist.de/unternehmen-und-portraits/lebensmittelkonzern-paulig-will-nachhaltiger-vorreiter-in-der-nahrungs-und-getraenkeindustrie-werden/. Zugegriffen am 03.06.2021
10. Gross T (2020) Interview mit Olga Graf, Titel „Olga von den Food Kompanions im Interview", Veröffentlicht am 13.08.2020. https://grossfoodconsulting.libsyn.com/olga-von-den-food-kompanions-im-interview. Zugegriffen am 03.06.2021
11. Gross T (2021) Interview mit Hendirk Hasse und Olaf Deininger, Titel: „Digitalisierung in der Food Branche – Interview mit den Autoren von Food Code", Veröffentlicht am 25.05.2021. https://grossfoodconsulting.libsyn.com/digitalisierung-in-der-food-branche-interview-mit-den-autoren-von-food-code

2

Allein oder im Team: Hausgarten oder Streuobstwiese

Zusammenfassung Eine der grundsätzlichen Entscheidungen am Anfang des Gründens ist: Willst du allein oder im Team starten? Beides hat seine Vor- und Nachteile und diese Frage lässt sich nicht pauschal beantworten. Die Suche nach Mitgründern kann sehr zeitintensiv sein und den richtigen Geschäftspartner zu finden ist, wie bei der privaten Partnerwahl, oft nicht so einfach. Kriterien wie Teilzeit-Einstieg, Kompetenzen, Wohnort und einige mehr können dabei eine tragende Rolle spielen. Es gibt jedoch einige gute Möglichkeiten, die Suche zu vereinfachen. Meine eigenen Erfahrungen und die meiner Podcast-Gäste habe ich in diesem Kapitel zusammengefasst.

„Durch die täglichen Herausforderungen, die wir als Team bestehen, merke ich immer, wie wichtig es ist, ein gutes Team zu haben." Julian Hantke von ZestUp [1]

Du kannst allein starten und dir später Partner suchen oder direkt im Team gründen. Wenn du in deinem Umfeld keine potenziellen Partner findest, kannst du dir diese im Internet suchen. Über das Stichwort „Co-Founder" oder „Mitgründer" wirst du dazu einige Foren finden, die Dir dafür eine Plattform bieten. Des Weiteren kannst du Deine Suche auch in sozialen Netzwerken teilen. Mir war es beispielsweise wichtig, jemanden im Team zu haben, der hohe Kompetenzen im Bereich Design hat. Erfahrene Designer für eine Gründung zu motivieren empfand ich als eine zu große Herausforderung. Daher entschied ich mich, in einer Hochschule für Kommunikationsdesign einen Aushang ans schwarze Brett zu hängen – mit Erfolg. Heute bin ich froh, meine Mitgründerin über diesen Weg auf mein Vorhaben aufmerksam gemacht zu haben.

> „Ich bin dieses Jahr 60 geworden. Das ist zwar nicht mehr das typische Alter zum Gründen, aber wir haben es dennoch getan!" Karl-Heinz Wenisch von Eatly [2]

Das Alter kann, muss dabei aber keine Rolle spielen. Ältere Partner können mit viel Erfahrung punkten, jüngere haben andere Vorteile. Wichtig dabei ist: Die Gesamtkonstellation ist fundamental.

Es ist Deine persönliche Entscheidung, ob du lieber allein oder im Team startest. Ich empfehle, im Team zu starten, da man sich gegenseitig motivieren kann und eine schnellere Skalierung möglich ist. Außerdem könnt ihr euch mit verschiedenen Kompetenzen ergänzen.

Am Beispiel des Apfelbaums (Abb. 2.1): Dieser ist auf umliegende Pflanzen und Pilze angewiesen, da sie sich gegenseitig mit Nährstoffen versorgen. Nur so wird er wachsen, gesund bleiben und viele Früchte tragen.

Stell dir dein Food-Start-up als Unternehmensbaum vor: Ein gutes Team kann sich gegenseitig mit Nährstoffen (Ideen und Kompetenzen) versorgen und dadurch entscheidend zum Erfolg beitragen. Ist jedoch kein gutes Team vorhanden, fehlt die Versorgung mit Nährstoffen und der Baum stirbt nach und nach ab.

> „Man muss sich vorher überlegen, ob alle im Team wirklich zusammenpassen und das gegenseitige Vertrauen haben. Außerdem ist ein guter Anwalt und Steuerberater sehr hilfreich." Julia und Amelie von Spoontainable [3]

Wenn du dich dafür entscheidest, im Team zu gründen, solltet ihr euch intensiv in den Austausch begeben und zwischenmenschlich prüfen, ob ihr auch wirklich zusammenpasst. Das ist natürlich nicht hundertprozentig herauszufinden, aber dein Bauchgefühl wird dir eine erste Richtung geben.

Abb. 2.1 Unternehmensbaum (eigene Darstellung)

„Die Luft der Selbstständigkeit nebenberuflich zu schnuppern ist für mich aktuell optimal, weil mein Verlangen nach Sicherheit dabei noch berücksichtigt wird." Vera Becker von TwoBakeGirls [4]

Viele Menschen möchten nicht gänzlich auf etwas Sicherheit verzichten. Insbesondere im ersten Jahr, in dem vor allem die Themen Produktentwicklung, Evaluierung und Markenaufbau im Vordergrund stehen, bietet sich die Kleinunternehmer-Regelung an. Durch die Kleinunternehmer-Regelung kannst du dies mit einigen Begünstigungen tun und erst einmal herausfinden, ob die Selbstständigkeit für dich passt. Seit dem 01.01.2020 darfst du nebenberuflich bis zu 22.000 € Umsatz dazu verdienen, der von der Umsatzsteuer befreit ist (§ 19 Umsatzsteuergesetz UStG).

„Vor dem Deal bei DHDL habe ich Mama Wong im Nebenerwerb betrieben." Tu-Nhu von Mama Wong [5]

Außerdem kannst du so ohne großes Risiko am Markt prüfen, ob dein Produkt angenommen wird und in Ruhe deinen Business-Plan erstellen.

„Wir haben gemerkt: Wenn die Partner stimmen, ist eine Markthalle eine sehr erfolgreiche Konstruktion." Werner Häfele [6]

Wie auch immer du dich entscheidest: Wähle deine Partner mit Bedacht. Auch wenn die Ökonomen versuchen, den Menschen als homo oeconomicus darzustellen, treffen wir unsere menschlichen Entscheidungen auf emotionaler Basis. Achte daher auf dein Bauchgefühl bei der Partnerwahl. Denk immer daran: Auch, wenn Ihr es schafft, finanziell erfolgreich zu werden: Wenn die menschliche Beziehung zwischen den Geschäftspartnern nicht stimmt, wirst du nicht glücklich damit.

Aus eigener Erfahrung kann ich sagen, dass es leicht ist, Bewerber für die eigenen Ideen zu finden. Der Hype und die Romantisierung von Start-ups führt dazu. Viele junge Leute wollen auf der Welle mitreiten, oft lockt das „schnelle Geld". Die richtigen Partner zu finden ist dagegen eine echte Herausforderung. Optimal sind Partner die dich mit komplementären Kompetenzen unterstützen. Die meiner Meinung nach wichtigsten Kompetenzen, die im Gründungsteam vorhanden sein müssen, sind Vertrieb und Marketing. Das Mindset spielt für die Suche ebenfalls eine wichtige Rolle. In meinem Start-up (Harvestment) mussten wir zum Beispiel einen Web-Entwickler suchen. Ich war anfänglich der Meinung, wir würden wahrscheinlich keinen Entwickler finden, da die Nachfrage nach Entwicklern größer war als das Angebot. Damit lag ich völlig falsch. Wir haben einige Bewerbungen auf unsere Anzeige erhalten und recht schnell einen passenden Mitgründer gefunden. Mein Learning daraus: Ein limitierendes Mindset ist erfolgsverhindernd. Unterschätze außerdem nicht den zeitlichen Aspekt für die Co-Founder-Suche. Du wirst mit jedem guten Bewerber mindestens ein Gespräch, eher mehrere führen, bis du den Richtigen gefunden hast. Außerdem empfiehl es sich, eine Art Probezeit zu vereinbaren.

„Ich möchte schon ein gewisses Commitment haben. Ich suche niemanden, der mein Projekt nur in der Freizeit unterstützt." Martin Grellner von Djoon [7]

Eine weitere Möglichkeit ist, dir jemanden zu suchen, der in Teilzeit bei dir einsteigt. Dadurch senkst du die Eintrittsbarriere bzw. das Risiko für potenzielle Interessenten. Dabei ist jedoch Achtung geboten: Wenn du jemanden suchst, der auch hundertprozentig engagiert ist, ist eine Vollzeit-Besetzung möglicherweise der bessere Weg.

Literatur

1. Gross T (2020) Interview mit Julian Hantke, Titel: „Interview mit Julian von ZestUp", Veröffentlicht am 20.08.2020. https://grossfoodconsulting.libsyn.com/interview-mit-julian-von-zestup. Zugegriffen am 12.10.2021
2. Gross T (2020) Interview mit Karl-Heinz Wenisch, Titel: „Karl-Heinz von eatly im Interview", Veröffentlicht am 03.09.2022. https://grossfoodconsulting.libsyn.com/karl-heinz-von-eatly-im-interview. Zugegriffen am 12.10.2021
3. Gross T (2020) Interview mit Julia Piechotta und Amelie Vermeer, Titel: „Julia & Amelie von Spoontainable im Interview", Veröffentlicht am 09.04.2020. https://grossfoodconsulting.libsyn.com/julia-amelie-von-spoontainable-im-interviewTobias Gross (2020d). Zugegriffen am 12.10.2021
4. Gross T (2020) Interview mit Vera Becker, Titel: „Schokoladenexpertin Vera Becker im Interview", Veröffentlicht am 23.04.2020. https://grossfoodconsulting.libsyn.com/schokoladenexpertin-vera-becker-im-interview. Zugegriffen am 12.10.2021
5. Gross T (2020) Interview mit Tu-Nhu Roho, Titel: „Tu-Nhu von Mama Wong im Interview", Veröffentlicht am 29.04.2021. https://grossfoodconsulting.libsyn.com/tu-nhu-von-mama-wong-im-interview. Zugegriffen am 12.10.2021
6. Gross T (2020) Interview mit Werner Häfele, Titel: „Werner Häfele im Interview zum Thema Markthallenkonzepte", Veröffentlicht am 14.05.2020. https://grossfoodconsulting.libsyn.com/werner-hfele-im-interview-zum-thema-markthallenkonzepte. Zugegriffen am 12.10.2021
7. Gross T (2021) Interview mit Martin Grellner, Titel: „Gründerreise von Martin Grellner: Die Co-Founder/In Suche", Veröffentlicht am 04.01.2021. https://grossfoodconsulting.libsyn.com/erfolgreiches-crowdfunding-fr-food-start-ups-interview-mit-martin-grellner-von-djoon. Zugegriffen am 12.10.2021

3

Planung: Wohin soll die Reise gehen?

Zusammenfassung Es soll Menschen geben, die ihren Urlaub besser planen als ihr Leben. Der Schritt, ein Food-Start-up zu gründen erfordert jedoch eine gute Planung. In der klassischen Betriebswirtschaftslehre beginnt diese Planung pyramidenförmig an der Spitze mit der Unternehmensvision. Mir persönlich kommt dabei der Mensch zu kurz. Die Vision des Unternehmens als juristische Person wird zwar vom Gründer beeinflusst, jedoch kann der Gründer noch ganz andere persönliche Ziele haben. Meiner Ansicht nach ist es essenziell, die persönlichen Ziele mit der Unternehmensvision abzugleichen. Was bringt es, eine Vision für die Zukunft des Unternehmens zu haben, wenn du persönlich eigentlich in eine ganz andere Richtung gehen willst?

„Die meisten Menschen planen ihren Urlaub besser als ihr Leben." Anonym

Die klassische Betriebswirtschaftslehre setzt für das Gründen eines Unternehmens eine Vision voraus. Mit Vision ist kein spiritueller Rausch gemeint, sondern das langfristige Vorhaben des Unternehmens. Dieses unterscheidet sich stark von Unternehmen zu Unternehmen und hängt von den Gründungspersönlichkeiten ab. Es kann beispielsweise eine

Marktführerschaft, ein soziales oder ein Umweltziel angestrebt werden. Die Vision muss groß sein, sodass dadurch alle Mitarbeiter und Gründer motiviert sind, sie erreichen zu wollen. Sie soll animieren und Lust auf das Umsetzen machen, die Mitarbeiter durch stürmische Zeiten leiten und in die richtige Richtung lenken.

Unter der Vision steht die Mission. Diese dient als Anker zum Erreichen der Vision. Meine Mission ist z. B. „Menschen im Food-Business weiterbringen." Die Mission soll als Antrieb dienen mit dem Ziel, die Unternehmensvision zu erreichen. Die Unternehmensmission beschreibt eine aktive Handlungsaufforderung für jeden Mitarbeiter des Unternehmens. In meinem Bespiel stelle ich mir regelmäßig die Frage: Führen meine aktuellen Pläne dazu, andere Menschen im Food-Business weiterzubringen?

Im Gegensatz zur Vision beschreibt die Mission keinen Zustand, sondern einen Zweck beziehungsweise einen klaren Auftrag. Im Idealfall ist die Mission der Grund eines jeden Arbeitnehmers und Gründers, weshalb dieser morgens zur Arbeit geht und sich für die Ziele des Unternehmens engagiert. [1]

Das Entwickeln einer Vision und Mission wird umso schwieriger, je mehr Personen im Gründungsteam sind. Bei diesem Konzept werden jedoch die persönlichen Lebensvisionen der Gründer und der späteren Mitarbeiter völlig außer Acht gelassen. Wie soll aber die Unternehmensvision alle individuellen Präferenzen des Gründerteams und der späteren Mitarbeiter beinhalten? An dieser Stelle sollten die persönlichen Ziele mit der Unternehmensvision in Einklang gebracht werden. Dies ist kein statisches Fundament, sondern ein dynamischer Prozess, der ständig und insbesondere mit wachsender Mitarbeiteranzahl angeglichen werden sollte. Im Fall des Apfelbaums (Abb. 2.1) wäre die Vision, zu einem starken und ertragreichen Baum zu werden.

„Wir wollen die Art und Weise der pflanzlichen Ernährung grundlegend verändern." Bene & Basti von eatPlants [2]

Daraus schlussfolgernd sollten also zunächst die Lebensvisionen des Gründerteams definiert werden. Dies ist ein persönlicher Prozess, der Reflektion erfordert. Da du dieses Buch liest, wird ein Teil deiner Lebensvision und auch der deines Gründerteams dein eigenes Unternehmen sein. Aber sicher hast du noch weitere Lebensvisionen.

3 Planung: Wohin soll die Reise gehen? 17

Ein Ansatz, sich den eigenen Lebensvisionen anzunähern, ist das Visionboard. Tiefergehende Informationen dazu findest du schnell im Internet, beispielsweise von Tanja Lenke [3] oder oder Jochen Mai [4]. Dabei geht es darum, deine Ziele und Visionen in Form einer Collage zusammenzustellen. Diese hilft dir, deine Vorstellungen zu visualisieren. Da unser Gehirn in Bildern denkt, prägen sich diese dann besser ein, werden stärker emotionalisiert und führen zu höherer Umsetzungswahrscheinlichkeit. Ich erstelle mir jedes Jahr ein Visionboard und hänge es an meinen Arbeitsplatz. Dort visualisiere ich nicht nur geschäftliche, sondern auch private Ziele. Es hilft mir, meine Ziele zu reflektieren und den Fokus zu behalten.

Ein weiterer Ansatz, den ich hier gern vorstellen möchte, kommt von dem Autor John Strelecky. In seinem Buch „Big five for life" [5] beschreibt er zwei Perspektiven. Die erste ist der „Zweck der Existenz", also der Grund, aus dem du auf dieser Welt wandelst, für was du angetreten bist. In der zweiten Perspektive geht es um die „Big five for life", die fünf großen Ziele in deinem Leben. Diese sollten so groß sein, dass sie nur im Verlauf eines ganzen Lebens zu erreichen sind.

Dieses Konzept gibt mir Klarheit für die täglichen Entscheidungen. Diese sind ebenfalls nicht statisch und verändern sich im Laufe des Lebens. Ich erachte es als überaus sinnvoll, diese in Kombination mit dem Visionboard jährlich zu überdenken. Allerdings sollte das nicht dogmatisch verstanden werden: Auch drei Lebensvisionen sind ausreichend. Das Wichtigste ist es, in die Umsetzung zu kommen und regelmäßig zu reflektieren. Gründest du allein, sind die zuvor genannten Schritte schnell absolviert – im Team nimmt der Prozess deutlich mehr Zeit in Anspruch.

Des Weiteren kann es Überzeugungsarbeit erfordern, dein Team für diese Herangehensweise zu begeistern.

Wie oben erwähnt, sollten meiner Ansicht nach die „Big five for life" und der Zweck der Existenz von jedem im Gründerteam vor der Unternehmensvision abgesteckt werden. Wenn ihr es schafft, eure persönlichen Lebensvisionen mit der Unternehmensvision in Einklang zu bringen, werdet ihr Rückschläge leichter verkraften und langfristig motiviert bleiben. Denn Ausdauer ist für Food-Start-up-Gründer unabdingbar und zählt zu deren wichtigsten Eigenschaften.

Ich lade dich nun dazu ein, dir deine persönlichen Lebensvisionen bewusst zu machen, bevor du zum nächsten Schritt übergehst.

3.1 Die Vision

„Zieh das Ding durch, wenn du davon überzeugt bist!" Martin Schneider von EsFck [6]

Wenn ihr eure persönlichen Visionen definiert habt, könnt ihr darauf aufbauend an der Unternehmensvision arbeiten. Dafür könnt ihr euch folgende Fragen stellen:

- Wo wollen wir hin?
- Warum wollen wir dorthin?
- Ist unsere Vision groß genug?
- Sind alle im Gründerteam im Einklang mit der erarbeiteten Vision?

Wo wollen wir hin?
Du darfst dir wirklich große Ziele setzen, z. B. eine Marktführerschaft oder einen sehr hohen Marktanteil in deinem Bereich. Das Ziel darf dir Angst machen. Je größer das Ziel, desto größer der Antrieb.

„Ich liebe es Strukturen zu schaffen. Täglich Produkte und Prozesse zu verbessern." Gina Benz von der Benz Feinkostmanufaktur [7]

Warum wollen wir dorthin?
Das berühmte „Why" der Generation Y stellt einen wichtigen Eckpfeiler dar. Ohne die Antwort auf diese Frage ist finanzieller Erfolg möglich – persönliches Glück jedoch nur im Ausnahmefall. Wenn du weißt, wohin du willst und warum du dorthin willst, dann – das verspreche ich dir – bringst du auch die nötige Energie für den langen kurvigen und steinigen Weg auf.

„Unsere Vision ist es, in Kolumbien vor Ort die Menschen zu unterstützen und die Wertschöpfung vor Ort zu haben. Wenn die Produkte schon im Ursprung veredelt werden, erhöht sich der Lebensstandard der Menschen vor Ort. Deshalb haben wir uns klar dazu entschieden, die Produktion in

Kolumbien zu belassen und die fertigen Produkte nach Europa zu exportieren." Konstantin Jessen von D'cada [8]

Die Antworten auf diese Frage werden unterschiedlich ausfallen. Das ist völlig in Ordnung, schließlich ist jeder Mensch anders. Wenn das „Warum?" für ein Gründungsmitglied rein finanzieller Natur ist, wird diese Person wahrscheinlich nicht langfristig motiviert sein und das erste Übernahmeangebot sehr attraktiv finden. Es kann zu Reibungen führen, wenn finanzielle Interessen in Teilen des Gründungsteams überwiegen, während im anderen Teil ein enkeltaugliches Unternehmen im Vordergrund steht. Das findet ihr aber nur heraus, wenn ihr euch diese Frage stellt.

„Wenn einem das Spaß macht und wenn man dafür brennt, dann geht man diesen Weg, egal, wie viele Hindernisse warten." Petra Nieding [9]

Eine Vision soll dich richtungsweisend und langfristig begleiten. Mit langfristig sind zehn Jahre und länger gemeint. Deshalb ist es so bedeutsam, eine starke Vision zu entwickeln, die im Einklang mit den persönlichen Zielen steht. Der Apfelbaum (Abb. 2.1) ist schließlich auch nicht innerhalb eines Jahres zu seiner wahren Größe gewachsen. Erst müssen der Samen gesät (die Vision), der Keim bewässert und die Erde gedüngt werden, um sich nach der langen Wachstumsreise am Ertrag (den Äpfeln) zu erfreuen.

Sind alle im Einklang mit der erarbeiteten Vision?
Wie bereits erwähnt, sollte die Unternehmensvision mit den persönlichen Zielen aller im Team im Einklang stehen, damit alle langfristig am Ball bleiben und in die gleiche Richtung segeln. Dafür könnt ihr das Konzept der „Big five for live" verwenden. Diese strategische Vorarbeit wird euch Rückschläge besser wegstecken lassen.

3.2 Die Mission

Die Mission ist, im Gegensatz zur Vision, kundenorientiert. [10]

Wie wollen wir von unseren Kunden gesehen werden?
Oder anders formuliert: Was sagt der Kunde über uns, wenn wir nicht im Raum sind?

Die Mission stellt also eine Form der Markenbildung dar. Du kannst nicht darauf warten, dass deine Kunden dir die Mission vorgeben. Aber es kann durchaus sein, dass sich die Mission im Laufe der Jahre durch das Kundenfeedback verändert. Die Mission dokumentiert den Zweck des Unternehmens (im besten Fall im Einklang mit dem Zweck der Existenz aller Mitarbeiter).

„Der größte Störfaktor beim Essen ist unserer Meinung nach die Zeit. Deshalb möchten wir Produkte bieten, die dieses Problem lösen und besten Geschmack mit Frische vereinen." Bene & Basti von eatPlants [2]

Einen sehr merkenswerten Satz habe ich bei Robin Söder von der Entrepreneur University gelernt:

„Wir helfen Avatar A zum Ergebnis E im Zeitraum Z ohne Probleme P und Schmerz S."

Diesen Satz solltest du dir nicht nur merken, sondern auch auf dein Food-Start-up anwenden und als Grundlage für deine strategische Ausrichtung nutzen. Passe diesen Satz an dein Geschäftsmodell an und platziere ihn irgendwo, wo du ihm ständig begegnest. Ein guter Ort dafür ist z. B. dein Bildschirmhintergrund. Ein Bespiel dazu:

„Wir helfen Entscheidern von Bio-Lieferdiensten, ihre Prozesse zu digitalisieren und dadurch Kosten zu sparen und leichter Mitarbeiter einzulernen."

Eine andere Variante wäre:

„Wir befriedigen Bedürfnis B von Avatar A im Zeitraum Z ohne Problem P oder Schmerz S."

3.3 Das Problem mit der Vision und der Mission

„Wenn man bereit ist viele Stunden zu opfern, ohne darüber nachzudenken, dann hat man im beruflichen Sinn alles richtig gemacht." Sabrina Becker vom Weingut Becker [11]

Oft passiert folgendes: Das C-Level (Management) überlegt sich toll klingende Statements, die dann den Mitarbeitern vorgesetzt werden. Das führt oft dazu, dass sich kein Mitarbeiter wirklich damit identifizieren kann. Dies birgt die Gefahr, dass Mitarbeiter diese Statements nicht ernst nehmen und sie ins Lächerliche ziehen. Deshalb sind die in Abschn. 3.1, 3.2 genannten Schritte so wichtig. Diese Vorarbeit wird euch massiv helfen, wenn sich euer Start-up nicht so entwickelt, wie ihr es euch erhofft habt. Ich möchte ausdrücklich betonen: Dies ist ein dynamischer Prozess, der nie endet. Euer Unternehmen soll wachsen und florieren. Im Zuge des Wachstums werden sich auch die Vision und die Mission weiterentwickeln.

„In unserem Gehirn gibt es Botenstoffe, die, wenn wir etwas mit Begeisterung tun, gebildet werden, so, als würden wir eine Pflanze düngen. Das heisst, das Gehirn bildet sich so aus, wie und wofür wir es mit Begeisterung nutzen." Prof. Dr. Gerald Hüther [11]

Dieses Zitat von Neurowissenschaftler Dr. Gerald Hüther unterstreicht die Relevanz, sich bezüglich der eigenen Lebensvisionen im Klaren zu sein: Du gründest aus einer Leidenschaft zum Produkt und diese sollte auch deinen unternehmerischen Weg begleiten.

3.4 Wie findest du deine Vision und Mission?

Manchmal ist die Vision oder Mission noch nicht ausformuliert, liegt aber unterbewusst schon bereit. Du kannst auch ohne Vision und/oder Mission die nächsten Kapitel lesen und anwenden. Marina Herter von Happysnax kommuniziert zum Beispiel keine Vision auf Ihren Kanälen.

Aus Ihrer Geschichte wird allerdings klar, dass sie angetreten ist, um gesunde Snacks für Kinder anzubieten.

„Ich habe zwei charakterstarke Töchter. Die jüngere wollte partout weder Obst noch Gemüse essen. Die Quetschies wollte sie nach einiger Zeit auch nicht mehr essen. Eine Idee musste her, um Ihnen Vitamine und gute Nährstoffe zu geben." Marina Herter [12]

Du siehst: Auch aus deiner eigenen Story kannst du dir deine Vision ableiten. Bei ihr könnte diese ausformuliert beispielweise heißen „Marktführer für gesunde Kindersnacks werden".

Am Beispiel des Apfelbaums

- Vision: Ein ertragreicher Baum werden.
- Mission: Wir bieten Familien die geschmackvollsten und gesündesten Äpfel zu jeder Jahreszeit ohne Qualitätsverluste.
- Ziele: einen starken Stamm entwickeln, Äste ausbilden, Knospen bilden, Blätter entwickeln.
- Strategien: sinnvolle Kooperationen eingehen mit Bienen, Insekten und Pilzen.

Literatur

1. Brecht U (2012) BWL für Führungskräfte; Was Entscheider im Unternehmen wissen müssen. Springer, Wiesbaden
2. Gross T (2020) Interview mit Benedikt Rapp und Sebastian Bentele Titel: „Bene und Basti von eatPlants im Interview", Veröffentlicht am 04.06.2020. https://grossfoodconsulting.libsyn.com/bene-und-basti-von-eatplants-im-interview. Zugegriffen am 17.04.2022
3. Gross T (2020) Interview mit Marina Herter Titel: „Marina Herter von Happysnäx im Interview:", Veröffentlicht am 29.10.2020. https://grossfoodconsulting.libsyn.com/marina-hrter-von-happysnx-im-interview
4. Hüther G, Müller S, Bauer N (2018) Wie Träume wahr werden: Das Geheimnis der Potenzialentfaltung. Arkana, München

5. Lenke T (2012) Vision Board erstellen. https://she-preneur.de/blog/vision-board-erstellen/. Zugegriffen am 17.04.2022
6. Mai J (2020) Vision Board erstellen. https://karrierebibel.de/vision-board-erstellen/. Zugegriffen am 17.04.2022
7. Strelecky J (2013) The big five for life: Was wirklich zählt im Leben. Dt. Taschenbuch-Verl, München
8. Gross T (2020) Interview mit Gina Benz Titel: „Gina Benz Geschäftsführerin der Benz Feinkostmanufaktur im Interview", Veröffentlicht am 02.04.2020. https://grossfoodconsulting.libsyn.com/interview-mit-gina-benz-geschftsfhrerin-der-benz-feinkostmanufaktur
9. Sternad D (2015) Strategieentwicklung kompakt: Eine praxisorientierte Einführung. Springer Gabler, Wiesbaden
10. Gross T (2020) Interview mit Martin und Darja Schneider Titel: „Martin & Darja von EsFck im Interview", Veröffentlicht am 16.04.2020. https://grossfoodconsulting.libsyn.com/martin-darja-von-esfck-im-interview
11. Gross T (2020) Interview mit Konstantin Jessen Titel: „In Kolumbien ein Food-Start-up gründen: Konstantin Jessen von d'cada im Interview", Veröffentlicht am 22.04.2021. https://grossfoodconsulting.libsyn.com/in-kolumbien-ein-food-start-up-grnden-konstantin-jessen-von-dcada-im-interview
12. Gross T (2020) Interview mit Sabrina Becker Titel: „Sabrina Becker vom Weingut Becker im Interview", Veröffentlicht am 21.05.2020. https://grossfoodconsulting.libsyn.com/sabrina-becker-vom-weingut-becker-im-interview

4

Das Geschäftsmodell: Was passiert mit den ganzen Äpfeln?

Zusammenfassung Wenn du dir Klarheit darüber verschaffst, welche Ziele du persönlich verfolgst und wie die Vision für dein Unternehmen aussieht, wird es Zeit, dein Geschäftsmodell zu entwickeln.

Mein favorisiertes Modell zum schnellen Entwickeln eines Geschäftsmodells ist das Canvas-Modell. Dieses Modell ist generisch für alle Branchen anwendbar, deshalb setze ich es hier in den Rahmen der Food-Branche. Für einen langfristigen Erfolg kann es dienlich sein zu prüfen, ob deine Idee auch einen Mega-Trend berührt. Die Food-Branche ist von Mega-Trends stark geprägt. Diese manifestieren sich in Food-Trends. Wenn deine Vision außerhalb dieser Trends liegt, wird es schwierig, langfristig erfolgreich zu sein. Deshalb erörtere ich in diesem Kapitel die Mega-Trends und gebe dir einige Hinweise für das Entwickeln deines Canvas-Modells in der Food-Branche.

Nachdem klar ist, wohin die Reise gehen soll, durch Definition der Vision und Mission sowie des Angleichens der persönlichen Lebensvisionen, kann im nächsten Schritt die strategische Richtung geplant werden. Auch hier gilt wieder: Es handelt sich nicht um eine statische Größe, sondern um dynamische Prozesse, die immer wieder das Anpassen der Strategien erfordern.

Für die strategische Planung bilden die Vision und Mission die Wurzeln des Unternehmens.

Jedes Business fängt im Obststandmodell an. Das eine bleibt für immer in diesem Modell und das andere entwickelt sich schneller zum Fabrikmodell. Beim Obststandmodell ist dein Business von dir als Gründer abhängig. Du bist morgens der Erste, eventuell auch der Einzige, und abends der Letzte im Unternehmen. Wenn du nicht da bist, verdienst du kein Geld. Beim Fabrikmodell hingegen verfolgst du die langfristige Vision, das Business unabhängig von dir zu gestalten. Du generierst Einkommen, auch wenn du im Garten sitzt. Welchen Weg du einschlägst, ist deine Entscheidung.

„Eine große Vision führt zu grossartigen Strategien."

4.1 Mega-Trends

Wieso solltest du dich mit dem Thema Mega-Trends beschäftigen? Die Trends in der Food-Branche lassen sich anhand der Mega-Trends beschreiben. Das bedeutet: Zukünftige Entwicklungen lassen sich ansatzweise erahnen. Für dein Food-Business ist es entscheidend diese langfristigen Veränderungen zu betrachten. Niemand möchte ein Geschäftsmodell auf Basis von vergangen und bereits gelösten Problemen aufbauen.

„Food-Trends zeigen Lebensgefühle und Sehnsüchte auf, bieten Orientierung und Lösungsversuche für aktuelle Problemstellungen. Getragen werden sie immer von Menschen. Geprägt aber werden sie von den tiefgreifenden, globalen und langfristig wirksamen Veränderungen der Mega-Trends. Food-Trends können deshalb als „Barometer" fungieren: An ihnen lassen sich Entwicklungen ablesen, die sich tiefer in die Gesellschaft ausbreiten." Zukunftsinstitut [1]

4 Das Geschäftsmodell: Was passiert mit den ganzen Äpfeln?

Wie im Zitat des Zukunftsinstituts erwähnt, werden Food-Trends von Mega-Trends getrieben wie zum Beispiel:

New Work
Dieser Mega-Trend beschreibt einen Umbruch, der die Arbeitswelt auf den Kopf stellt. Besonders Corona hat diesen Trend beflügelt und die Häufigkeit des Aufenthalts im Büro verringert. Aber auch flexiblere Arbeitszeiten, Teilzeitmodelle und die generelle Entkopplung von Ort und Arbeitszeit (Stichwort digitale Nomaden) fließen hier ein. Dies hat enormen Einfluss darauf, wie, wann und was die Menschen essen.

Neo-Ökologie
Der Mega-Trend Neo-Ökologie löst die Bio-Bewegung ab und manifestiert sich in der Mitte der Gesellschaft. Nicht nur nachhaltig produzierte Energie, Elektroautos und E-Bikes spielen hier eine Rolle, sondern auch, wie unsere Nahrung produziert, verarbeitet und verschickt wird.

Urbanisierung
In der globalisierten Welt werden Städte zu immer größeren Problemherden und gleichzeitig zu ihren Lösungen. In diesen Zentren entstehen völlig neue kulinarische Möglichkeiten, die sich im urbanen Raum sammeln und leider nur sehr langsam in die ländlichen Regionen vorstoßen.

Gender Shift
Geschlechterstereotypen liegen in der Vergangenheit. Die Zukunft bricht diese auf und wandelt sie radikal. Patchwork-Familien, immer mehr Single-Haushalte und Alleinerziehende sowie mehr berufstätige Frauen tragen diesen Wandel.

Individualisierung
Dies ist das zentrale Kulturprinzip der westlichen Welt und wird zunehmend globaler. Der Mega-Trend verändert Wertesysteme, Konsum-

muster und Alltagsstrukturen. Persönliche Geschmackspräferenzen, Lifestyle-Diäten und Essideologien ebnen den Weg für das Ausleben der eigenen Individualität.

Konnektivität
Alles wird miteinander vernetzt. Der Austausch zwischen Konsumenten, Produzenten und Handel wird immer fließender. Das führt zu Co-Creation-Prozessen, neuen Plattformen und damit neuen Lösungen für besseres Essen.

Gesundheit
Das ist der Mega-Trend, der den Lebensmittelsektor prägt. Frische und gesunde Ausgangsprodukte, Superfoods, Protein Food, MiMas (Mini-Mahlzeiten) und eine insgesamt stärkere Qualitätsorientierung zeigen ein neues Bewusstsein für gutes Essen. [1]

4.2 Geschäftsmodell-Entwicklung mit dem Canvas-Business-Modell

Zum Canvas-Business-Modell gibt es gute Literatur und kostenlose Quellen im Internet, beispielsweise von Für-Gründer [2] oder Starting-up [3], deshalb gehe ich hier nur oberflächlich darauf ein. Es wird genutzt, um ein Geschäftsmodell möglichst übersichtlich darzustellen. Der Vorteil ist: Du siehst schnell, worum es geht, musst dir überlegen, wie du deine Idee präzisierst und kannst das Ergebnis als Grundlage für einen Business-Plan nehmen, sofern du einen benötigst. Ich bevorzuge die digitale Version. Eine analoge Version im A3-Format ist jedoch auch ein gangbarer Weg. Digital könnt ihr eine Vorlage in eurem präferierten Programm bearbeiten und weiterentwickeln. Der Vorteil ist: Ihr könnt die Datei jederzeit bearbeiten und jeder hat darauf Zugriff.

Für das Erstellen solltet ihr mindestens zwei bis vier Stunden Zeit einplanen. Auch hier gilt: je größer das Team, desto mehr Zeit werdet ihr

4 Das Geschäftsmodell: Was passiert mit den ganzen Äpfeln?

benötigen. Weil Zeit eine knappe Ressource ist, empfiehlt es sich, für jeden Bereich ein Zeitfenster zu planen und nicht darüber hinaus zu gehen. Außerdem hilft es dabei, euch zu fokussieren.

Auch bei der digitalen Variante sollte das A3-Format nicht überschritten werden, um den Fokus zu behalten.

Beim Umsetzen geht ihr die Felder nach und nach durch und beantwortet die kommenden Fragen. Am Ende habt ihr euer Geschäftsmodell kompakt dargestellt und eine gute Grundlage für das weitere Vorgehen geschaffen.

Gestartet wird in der Mitte des Modells beim Nutzenversprechen. Hier definiert ihr den Mehrwert für eure Kunden, welches Problem ihr für sie löst und womit ihr sie begeistert.

Nutzenversprechen
Dafür empfiehlt es sich, sich folgende Fragen zu stellen:

- Was könnt ihr vielfach besser als eure Konkurrenz?
- Welches Problem löst ihr?
- Welches Bedürfnis befriedigt ihr?
- Warum sollte euer Kunde euer Angebot in Anspruch nehmen?

„Wir wollen in Zukunft bewusst eine ältere Zielgruppe ansprechen." Konstantin Timm von KaleAndMe [4]

Der zweite Bereich sind die Kundensegmente. In diesem Bereich definiert ihr eure Zielgruppe. Dafür können soziodemografische Daten (wie Alter, Wohnort, Geschlecht), Sinus Milieus oder Personas genutzt werden.

Versucht folgendes über die potenzielle Zielgruppe herauszufinden:

- Was sind deren Probleme und/oder Bedürfnisse?
- Welche Vorteile/Produkte suchen sie?
- Welche Produkteigenschaften sind ihnen wichtig?
- Was motiviert und beeinflusst ihre Kaufentscheidungen?
- Was sind die Herausforderungen und Fragen, die sie im Leben haben?

Kaufentscheidungen werden je nach Einkaufsort, aufgrund des Preises, der richtigen Zeit, Empfehlungen, Erfahrungen, Zuverlässigkeit, Glaubwürdigkeit und Verfügbarkeit in der Nähe des Wohnorts getroffen [5]. Ein weiteres Kriterium kann die Kombination mit anderen Produkten sein. Besonders im eCommerce kann es für den Kunden entscheidend sein, ob er mehrere Artikel oder nur einzelne Artikel in einem Online-Shop bestellen kann.

> „Bei Facebook ist unsere Zielgruppe eher etwas älter. Dort ist unsere Zielgruppe im Alter von 35 aufwärts." Martin und Darja von EsFck [6]

Ein weiterer Bereich sind die Kanäle, über die ihr eure Kunden erreichen könnt. Das können Social-Media-Kanäle, Netzwerkplattformen wie LinkedIn oder auch analoge Medien bzw. Plattformen wie Messen ein.

Übersicht
- Wie informieren sich eure potenziellen Kunden? Zeitschriften, Online, Tageszeitungen?
- Wie werden sie auf euch aufmerksam? Social-Media, eigene Webseite, Shop, LEH?
- Wie können sie bei euch kaufen? Online, LEH, Hofladen, Amazon?
- Wie kommt die Leistung zum Kunden? Lieferdienst, Paketdienst, Selbstabholung?

> „Wir haben die Corona-Zeit genutzt, um unsere Zielgruppe neu zu definieren." Benjamin Jakob von BenFit Nutrition [7]

Auf die Kanäle folgt die Kundenbeziehung. Es ist deutlich teurer Neukunden zu gewinnen, als Bestandskunden zu pflegen. Die folgenden Fragen unterstützen dich dabei, deine Bestandskunden zu behalten.

Fragen zum Feld Kundenbeziehung
- Hat der Kunde einen persönlichen Ansprechpartner?
- Gibt es eine zentrale Informationsquelle (Customer-Relationship-Management), auf der jeder Mitarbeiter alle Informationen zum Kunden findet?
- Welche Medien setzt du ein, um mit dem Kunden in Kontakt zu bleiben? (Newsletter, Dankesschreiben, Geschenke, Social Media, Telefon)

4 Das Geschäftsmodell: Was passiert mit den ganzen Äpfeln? 31

„Es ist eine simple pro-Kopf-Rechnung. Wenn mir der Gastronom als alkoholfreie Begleitung nur Wasser bietet, hat er 5,50 € Umsatz. Mit einer guten Begleitung kann er 80 € Umsatz generieren." Nicole Klauß, Expertin für alkoholfreie Speisebegleitung [8]

Kommen wir zum wichtigsten Punkt: Womit verdient Ihr euer Geld?

Übersicht
Hierbei geht es vor allem um die Ertragsmechaniken.

- Verdient ihr nur an Einmalverkäufen?
  Bietet ihr Cross- und/oder Upselling an?
- Habt ihr ein Abo Modell?
- Erzielt ihr Provisionen durch Weiterverkauf von Ware?
- Seid ihr im LEH gelistet?
- Habt ihr ein Franchise-Modell?
- Habt ihr einen eigenen Online-Shop?
- Habt ihr alternative Einnahmequellen für schlechte Zeiten oder Krisen?
- Seid ihr abhängig von wenigen Großkunden?[5]

„Das Thema Networking wird oft sehr unterschätzt. Es gibt für jedes Thema einen Experten, durch den man viel Zeit sparen kann." Julian Hantke von ZestUp [9]

Somit kommen wir zur linken Seite des Canvas-Modells, angefangen mit Schlüsselpartnern.

Übersicht Schlüsselpartner
Folgende Fragen können für diesen Bereich relevant sein:

- Ermöglicht dir ein Partner Kostenvorteile? z. B. bei der Produktion.
- Gibt es Partner, ohne die ihr eure Produkte nicht verkaufen könnt oder von denen ein Großteil des Umsatzes abhängt?
- Gibt es Partner, die schwer zu beschaffende Materialien bereitstellen?
- Auf welche Partner kannst du nicht verzichten?
- Gibt es Zielgruppenbesitzpartner? (z. B. Edeka, Rewe, spezialisierte Online-Shops etc.)

„Die größte Herausforderung ist aktuell das Wachstum. Wir brauchen eine neue Produktionsküche." Cecilia Antoni von Bohnikat [10]

Im folgenden Segment werden Schlüsselressourcen betrachtet. Diese ergeben sich meist aus den vorherigen Segmenten.

Übersicht Schlüsselressourcen
- Welche essenziellen Rollen und Mitarbeiter müsst ihr besetzen bzw. einstellen?
- Braucht ihr Fremdkapital, um zu wachsen, oder könnt ihr aus eigener Kraft wachsen?
- Welche immateriellen Ressourcen sind wichtig (z. B. Patente, Markenanmeldung)?
- Welche materiellen Ressourcen sind wichtig (z. B. Fuhrpark, Produktionsstätte)?

„Ich bin gerade dabei, unsere Buchhaltung und Warenwirtschaft zu automatisieren, um mich auf die Produktion fokussieren zu können." Jan Kaltenthaler [11]

Bei den Schlüsselaktivitäten geht es darum, die Frage „Was müsst Ihr täglich tun, um voranzukommen?" zu beantworten. (Mögliche Antworten darauf sind: Kunden gewinnen, Partnerschaften pflegen, produzieren, Qualitätsmanagement)

„Wichtig ist, im Vorhinein genau zu kalkulieren, welche liquiden Mittel brauche ich in den nächsten zwei Jahren." Benjamin Jakob von BenFit Nutrition [7]

In jedem Start-up entstehen Kosten. Diese definiert ihr im Block Kostenstrukturen.

Beispielhafte Fragen für den Block Kostenstrukturen
- Welche sind die wichtigsten Kosten?
- Habt ihr fixe Kosten in Form von Miete/Pacht?
- Habt ihr anteilige variable Stückkosten durch eine ausgelagerte Produktion?
- Wie hoch sind eure Wareneinsätze?
- Wie hoch sind eure Personalkosten?

4 Das Geschäftsmodell: Was passiert mit den ganzen Äpfeln?

Ein ausformuliertes Canvas-Business-Modell trägt einen wichtigen Schritt zum Erstellen eures Geschäftsmodells bei. Ihr habt den jungen Baum gepflanzt, der jetzt anfangen kann zu wurzeln und sich auszubreiten. In Kap. 5 wird das Thema Ziele betrachtet. Ein Geschäftsmodell und eine langfristige Vision sind gut, aber ohne kleinteilige Ziele kommen sie nicht zur Verwirklichung Um die Vision erreichbar zu machen, ist es hilfreich, sie in Teilziele zu untergliedern.

Gerald Hüther, Hirnforscher und Neurobiologe, spricht vom Geheimnis des Gelingens. Gelingen ist etwas, was wir nicht „machen" können. [12]

Nehmen wir zum Beispiel unseren Apfelbaum (Abb. 2.1): Wir pflanzen ihn, düngen und bewässern ihn und können sagen, wir haben alles getan und hoffen, es gelingt, dass daran Äpfel wachsen. Keiner würde sagen wir haben den Apfelbaum „erfolgreich gemacht".

> Gelingen heißt: Ich weiß innerlich, wie es werden könnte, tue mein Bestes dazu und es ereignet sich.

Dieses „innerlich wissen, wie es werden könnte" sind eure persönlichen Lebensvisionen, die ihr in Kap. 3 definiert habt. Jetzt könnte Gelingen so interpretiert werden, dass die Vision reicht und wir nur noch das Beste tun müssen, damit sie eintrifft. In Kap. 3 habt ihr eine große Vision gesetzt, die euch langfristig als Leitstern dient. Um am Ball zu bleiben hilft das Gefühl des Gelingens als Motivation. Um das zu erreichen, dient ein Zielsystem mit Teilzielen, welches als Oberziel das Erreichen der Vision hat. Um dieses Zielsystem geht es in Kap. 5.

Durch das Erreichen dieser kleineren Ziele haben wir das Gefühl, das es gelingt, wir kommen unserer Vision näher. Hier wird es auch Rückschläge geben und Ziele werden nicht erreicht oder verfehlt, aber das ist Bestandteil einer Gründung. Ziele machen die Vision umsetzbar. Umsetzung führt zu Gelingen und Gelingen führt zum Erreichen der Vision. Ziele dienen als Kommunikations- und als Umsetzungswerkzeuge für die Mitarbeiter, indem sie die Vision greifbar und messbar machen (oder dies zumindest versuchen). [13]

Wenn wir als Unternehmer die Vision definieren und die Ziele vorgeben, werden sich jedoch die Mitarbeiter nicht damit verbunden fühlen. Da wir aber die persönlichen Lebensziele aller Personen im Unternehmen einbeziehen, können wir auch entsprechende Ziele definieren und die Mitarbeiter sind stärker mit dem Unternehmen verbunden.

Beim Formulieren von Zielen hilft die klassische SMART-Formel: Ziele sollen

- spezifisch,
- messbar,
- ansprechend,
- realistisch und – ganz wichtig –
- terminiert

sein. Nur wenn deine Zeile SMART sind kannst du sie auch erreichen.

Ich möchte dir gern noch ein Alternativkonzept vorstellen. Dieses kommt von Stefan Schwidder und ist eine neu definierte Form: SMARTIE [14].

SMARTIE-Ziele sollen

- spielerisch,
- magisch,
- aufregend,
- richtungsweisend,
- tief,
- inspirierend und
- erkenntnisreich

sein. Diese Art von Zielen wecken Lust auf Umsetzung.

Ich persönlich nutze gern beide Varianten in Kombination für meine Ziele. Dies würde ich auch euch empfehlen.

Ihr habt

- eure persönlichen Lebensvisionen definiert. Sofern Ihr im Team gründet oder schon Mitarbeiter habt, haben alle im Team ebenfalls Ihre Lebensvisionen ergründet.
- euch eine Vision erarbeitet, für die Ihr brennt und jeden Tag alles geben werdet.
- eine Mission herauskristallisiert, die Ihr euren Kunden und Schlüsselpartnern kommuniziert.
- folgenden Satz für euch angepasst: „Wir helfen Avatar A zum Ergebnis E Zeitraum Z ohne Probleme P und Schmerz S."
- euer Geschäftsmodell erarbeitet.
- euch übergeordnete Ziele mit SMART und/oder SMARTIE Kriterien gesetzt.
- einen Samen gesät, der anfangen kann zu wachsen.

Literatur

1. Rützler H, Reiter W (2021) Food report. Zukunftsinstitut, Frankfurt
2. Klein R. Das Business Model Canvas erstellen. https://www.fuer-gruender.de/wissen/geschaeftsidee-finden/how-to-startup/business-model-canvas/. Zugegriffen am 17.04.2022
3. Das Business Model Canvas. https://www.starting-up.de/gruenden/businessplan/business-model-canvas.html. Zugegriffen am 17.04.2022
4. Gross T (2020) Interview mit Konstantin Timm Titel: „Konstantin Tim von KaleAndMe im Interview", Veröffentlicht am 15.10.2020. https://grossfoodconsulting.libsyn.com/konstantin-tim-von-kaleandme-im-interview. Zugegriffen am 03.06.2021
5. Caroline Bimbo Afolalu (2018) How to start a business: a guide to starting and growing a food business. Whitestone Books. Stonewood, USA
6. Gross T (2020) Interview mit Martin und Darja Schneider Titel: „Martin & Darja von EsFck im Interview", Veröffentlicht am 16.04.2020. https://grossfoodconsulting.libsyn.com/martin-darja-von-esfck-im-interview. Zugegriffen am 03.06.2021
7. Gross T (2020) Interview mit Benjamin Jakob Titel: „Benjamin von BenFit Nutrition im Interview ", Veröffentlicht am 10.09.2020. https://gross-

foodconsulting.libsyn.com/benjamin-von-benfit-nutrition-im-interview. Zugegriffen am 03.06.2021
8. Gross T (2020) Interview mit Nicole Klauß Titel: „Nicole Klauß – Expertin für alkoholfreie Speisebegleitung im Interview, Veröffentlicht am 26.11.2020. https://grossfoodconsulting.libsyn.com/nicole-klau-expertin-fr-alkoholfreie-speisebegleitung-im-interview. Zugegriffen am 03.06.2021
9. Gross T (2020) Interview mit Julian Hantke, Titel: „Interview mit Julian von ZestUp", Veröffentlicht am 20.08.2020. https://grossfoodconsulting.libsyn.com/interview-mit-julian-von-zestup. Zugegriffen am 03.06.2021
10. Gross T (2020) Interview mit Cecilia Antoni, Titel: „Cecilia von Bohnikat im Interview", Veröffentlicht am 27.08.2020. https://grossfoodconsulting.libsyn.com/cecilia-von-bohnikat-im-interview. Zugegriffen am 03.06.2021
11. Gross T (2020) Interview mit Jan Kaltenthaler, Titel: „Jan von der Wein- und Essig-Manufaktur Kaltenthaler im Interview", Veröffentlicht am 18.06.2020. https://grossfoodconsulting.libsyn.com/jan-von-der-wein-und-essig-manufaktur-kaltenthaler-im-interview. Zugegriffen am 03.06.2021
12. Hüther G, Müller S, Bauer N (2018) Wie Träume wahr werden: Das Geheimnis der Potenzialentfaltung. Arkana, München
13. Dissertation: Hanno Poeschl (2013) Strategische Unternehmensführung zwischen Shareholder-Value und Stakeholder-Value 32-34. Universität Trier. Springer Gabler, Wiesbaden
14. Schwidder S (2018) Von SMART zu SMARTIE – Ziele setzen mal ganz anders. https://stefan-schwidder.com/von-smart-zu-smartie/. Zugegriffen am 03.06.2021

5

Balanced Scorecard: Ordnung in der Apfelplantage

Zusammenfassung Ein System, um Ziele in Teilziele zu untergliedern und zugleich messbar zu machen ist die Balanced Scorecard, die ich in etwas abgewandelter Form vorstellen möchte.

Die Balanced Scorecard (abgekürzt BSC) soll alle Teile des Unternehmens integrieren und eine Ausgewogenheit zwischen harten und weichen Faktoren darstellen. Harte Faktoren sind z. B. Finanzkennzahlen, weiche Faktoren umfassen Image, Ansehen oder Motivation.

Als Ordnungssystem berücksichtigt die „klassische" BSC die Bereiche Finanzen, Kunden, Mitarbeiter und Prozesse.

Für diese vier Dimensionen werden dann Ziele und Messgrößen formuliert. Du kannst dir aber auch eigene Bereiche überlegen, z. B. in Anlehnung an dein Canvas Modell.

Das Hauptanliegen der BSC besteht darin, zwischen den Dimensionen Ursache-Wirkungs-Ketten aufzuzeigen. Die daraus gewonnenen Erkenntnisse ermöglichen es, früh Gegensteuerungsmaßnahmen zu ergreifen, sofern notwendig [1].

Wenn ihr eine BSC für euch entwickelt, habt ihr ein wunderbares Werkzeug, mit dem ihr euer Unternehmen steuern könnt.

Um eine Balanced Scorecard zu entwickeln, benötigt ihr eine Vision und Strategien. Die Vision wurde im dritten Kapitel definiert. Daher geht es in diesem Kapitel darum, Strategien zu entwickeln.

5.1 Umfeldanalyse: Außerhalb der Apfelplantage

Bei der Makroumweltanalyse bewertet Ihr euer Unternehmensumfeld. Auch wenn euer Unternehmen vielleicht noch nicht gegründet ist, spielt dies eine wichtige Rolle.

Bei dieser Analyse versucht ihr zu beurteilen, wie rechtliche, politische, wirtschaftliche, sozio-kulturelle, technische und ökologisch-geografische Faktoren euren Erfolg beeinflussen.

Für jeden der Faktoren überlegt ihr euch passende Kriterien und bewertet diese nach der Eintrittswahrscheinlichkeit und Relevanz für eure Unternehmung. Tab. 5.1 zeigt Beispiel-Kriterien, die meiner Ansicht nach besonders im Lebensmittelbereich relevant sind.

Diese Punkte könnt ihr als Beispiele nehmen, ergänzen und oder darauf aufbauen.

> **Beispiel**
> So benötigt auch unser Apfelbaum (Abb. 2.1) ein gutes Umfeld, um zu wachsen und Früchte zu entwickeln. Er braucht Pilze, die ihn mit Nährstoffen versorgen, und Bienen, die seine Blüten befruchten. Ohne ein gutes Umfeld kann er sich nicht weiterentwickeln.

5.2 Interne Analyse: Innerhalb der Apfelplantage

Bei diesem Analysetool werden die internen Faktoren bewertet, die für eine Strategie relevant sind. Dafür werden Charakteristika gegenüber den stärksten Mitbewerbern untersucht, um dadurch zu verstehen, wo ihr diesen gegenüber steht. Das heißt, als Erstes gilt es zu ermitteln, wer eure Konkurrenz darstellt und welche Kriterien ihr für wichtig erachtet. Dies könnten z. B.

Tab. 5.1 Beispiel-Kriterien für die Umfeldanalyse

Ökonomisches Segment	Politisch-rechtliches Segment	Sozio-kulturelles Segment	Technologisches Segment
Zinssätze	Nährwertampel	Altersstruktur	Lebensmittelverfolg-barkeit (Herkunft/Block-Chain)
Arbeitslosenquote	Plastikverbot	Home-Office Entwicklung	Indoor-Farming
Corona Hilfen	Neue politische Richtung in den USA	Einkommens-verteilung	Prozess-verbesserungen durch Digitalisierung
Konsumverhalten	Digitalisierungspakete	Konsumverhalten	Plattformanbieter (z. B. für Direktvermarktung)
Investitionen in den Food Sektor	Subventionen	Ökologische Orientierung	ERP-Software

- Regionalität,
- Transparenz,
- Sortimentstiefe und -Breite,
- Mitarbeitermotivation,
- Produktqualität,
- Image,
- Preis oder
- Standort

sein. Es gilt hier, individuelle Kriterien zu finden. Dabei solltet ihr euch auf die zehn Wichtigsten fokussieren. Sowohl kundenbezogene Kriterien als auch Kriterien der Leistungserstellung sollten berücksichtigt werden. [2] Eine beispielhafte interne Analyse findest du unter https://grossfoodconsulting.de/erfolgskonzepte-fuer-food-start-ups/bonus (Tab. 5.2).

In der Musterdatei kannst du deine eigenen Punkte eintragen und die Analyse durchführen. Auf der linken Seite in der Spalte „Kriterien" führst du alle Punkte auf, die du für relevant erachtest. Dann beginnst du bei deiner eigenen Idee/Firma und bewertest die jeweiligen Punkte für dich. Sei dabei bitte ehrlich zu dir. Du kannst dir dafür auch eine dritte Meinung einholen. Danach bewertest du deine beiden stärksten Konkurrenten. Am Ende ziehst du jeweils eine Linie zwischen den Punkten bei dir und deinen Konkurrenten. Am besten farblich (wie in der Beispieldatei [3]) differenziert für eine bessere Lesbarkeit. Diese Auswertung benötigst

Tab. 5.2 Beispiel-Kriterien für die Stärken/Schwächen-Analyse

Stärken/Schwächen Analyse									
Kriterien	schlecht			mittel			gut		
Bewertung	1	2	3	4	5	6	7	8	9
Preis									
Image/Ruf									
Produktqualität									
Effizienz der Bestellprozesse									
Kosten									
Mitarbeitermotivation									
Sortiment									
Regionalität									
Standort									
Service									

du für den nächsten Schritt, die SWOT-Analyse. Sich der eigenen Stärken und Schwächen bewusst zu sein, hilft dabei, sich zu fokussieren.

> **Beispiel**
>
> Der Apfelbaum benötigt beispielsweise ein starkes System, um Wasser und Nährstoffe im inneren des Baumes von den Wurzeln zu den Blättern und Früchten zu befördern. Im Gegensatz zu manch anderem Obstbaum benötigt der Apfelbaum bestimmte Witterungsverhältnisse. Eine Kombination aus einem internen System und externen Faktoren sorgen dafür, dass der Baum viele Früchte trägt.

In Abschn. 5.3 werden die Umfeldanalyse und die Stärken/Schwächen-Analyse miteinander kombiniert.

5.3 SWOT-Analyse: Kombination der internen und Umfeldanalyse

Die SWOT-Analyse (Strenghts, Weaknesses, Opportunities, Threats) fasst die Stärken, Schwächen und die Makroumweltanalyse zusammen. Im Feld SO (Strengths/Opportunities) wird ermittelt, wie die Stärken eingesetzt werden können, um Chancen zu nutzen. Beim Schnittpunkt ST (Strengths/Threats) geht es darum, Stärken einzusetzen, um die Risiken zu minimieren. Beim Treffpunkt WO (Weaknesses/Opportunities) wird versucht, Maßnahmen zu finden, um durch gegebene Chancen Schwächen zu minimieren. Der letzte Punkt WT (Weaknesses/Threats) versucht, Schwächen zu reduzieren und gleichzeitig Risiken zu vermeiden.

- Welche Chancen könnt ihr mit euren bestehenden Ressourcen und Fähigkeiten nutzen?
- Welche Fähigkeiten müsst ihr noch aufbauen, um Chancen zu nutzen und Herausforderungen zu begegnen? [2]

Aus der SWOT-Analyse ergeben sich dann Handlungsfelder, für die Strategien entwickelt werden können (Tab. 5.3).

Tab. 5.3 SWOT-Matrix nach Gabler Wirtschaftslexikon [4]

	Unternehmensfaktoren	
Umweltfaktoren	Stärken (S)	Schwächen (W)
Chancen (O)	Ausbauen	Absichern
Risiken (T)	Aufholen	Meiden

In die Matrix trägst du oben die internen Faktoren ein. Diese kannst du der internen Analyse entnehmen. In das Feld Stärken kommen die Punkte, bei denen du besser bist als deine stärksten Konkurrenten. In das Feld Schwächen dagegen schreibst du die Punkte, bei denen du schwächer bist als deine Konkurrenten. Für die linke Seite kannst du die Punkte der Umweltanalyse entnehmen. Dort trägst du die Chancen und Risiken ein, die du erkannt hast. In die leeren Matrix-Felder schreibst du dann die Handlungsfelder, die sich aus den jeweiligen Kombinationen ergeben.

Literatur

1. Brecht U (2012) BWL für Führungskräfte; Was Entscheider im Unternehmen wissen müssen. Springer, Wiesbaden
2. Sternad D (2015) Strategieentwicklung kompakt: Eine praxisorientierte Einführung. Springer Gabler, Wiesbaden
3. Gross T (2022) kostenlose Bonusinhalte zum Buch. https://gross-foodconsulting.de/erfolgskonzepte-fuer-food-start-ups/bonus. Zugegriffen am 25.04.2022
4. o. Verf (2018) SWOT-Analyse. Gabler Wirtschaftslexikon. https://wirtschaftslexikon.gabler.de/definition/swot-analyse-52664/version-275782. Zugegriffen am 25.04.2022

6

Strategieentwicklung: Der Weg zum Erfolg

Zusammenfassung Die Strategie ist im Sinne der BSC die Konkretisierung der Vision. Sie ist eine Hypothese, die das Verändern eines Unternehmens von der aktuellen in eine zukünftige Version beschreibt [1].

Es gibt diverse Möglichkeiten, Strategien theoretisch zu beschreiben und abzugrenzen. Für mich ist die Strategie der Weg zum Erfolg. Sie führt zum Umsetzen, denn sie ist der Wegbereiter zum Erfüllen der Vision. Einige Konzepte und Ideen für das strategische Ausrichten möchte ich dir anhand einiger Beispiele aus der Food Branche mitgeben. Daran wirst du schnell erkennen, welcher Schwerpunkt sinnvoll für dich sein kann.

Aus den Handlungsfeldern, die sich aus der SWOT-Matrix ergeben haben, kannst du nach dem Lesen dieses Kapitels passende Strategien entwickeln.

Als strategischer Fokus ist eine Nischenstrategie zu empfehlen, da du hier mit speziellen Produkten gezielt deine Kunden ansprechen und so Marktanteile gewinnen kannst.

Beispielhafte strategische Positionierungen [2] für die Food-Branche sind nachfolgend zusammengestellt:

Die „Marken-Erschaffer"

In diesem Bereich gibt es zahlreiche Beispiele von Personen, die es geschafft haben, durch strategisches Marketing eine polarisierende Marke aufzubauen. Ein besonderer Gastronom, der durch sein „goldenes Steak" berühmt wurde, ist Nusret Gökce. Wie bei allen Menschen, die polarisieren, gibt es Befürworter und Gegner dieser Marke, aber genau das macht eine Marke aus. Ein Weg, dich im Food-Sektor zu platzieren, könnte sein, eine außergewöhnliche Marke zu kreieren und dadurch an Reichweite zu gewinnen.

Die „Handwerker"

Lebensmittelhandwerker schaffen es durch ihre besondere Kompetenz, Produkte herzustellen, die Kunden anziehen. Wie zum Beispiel die Patisserie Walter, die hochwertige Desserts für die Spitzengastronomie herstellt und absoluter Spitzenreiter in ihrem Segment ist.

Die „Ausführungs-Spezialisten"

Diese Gruppe schafft es, durch effiziente Prozesse eine Kosten- und Preisführerschaft zu erlangen. Das zu schaffen ist ohne viel Kapital aufzunehmen sehr schwierig, daher rate ich von dieser Strategie ab. Ein typisches Beispiel aus Deutschland ist Aldi. Sie haben es geschafft, die absolute Preisführerschaft zu erlangen.

Die „Innovatoren"

Bei den Innovatoren werden durch schnelles Aufgleisen neuer Trends Wettbewerbsvorteile erzielt. In diesen Bereich fällt z. B. Nordic Oceanfruit, die als eine der Ersten den Algentrend aufgegriffen haben, oder InSnack, die sehr früh im Bereich Insekten aktiv waren.

Die „Deal-Maker"

Sie nutzen ihr Netzwerk, um Geschäftschancen zu finden und bauen ihr Geschäft durch die Fähigkeit zum Auf- und Ausbau von Geschäftsbeziehungen aus. Das ist für mich kein reines strategisches Ziel, aber ein durchaus wichtiger Punkt. Denn durch ein gutes Netzwerk werdet ihr deutlich schneller vorankommen und euch viel Zeit und damit Geld sparen.

Es gibt zahlreiche Möglichkeiten, sich im Markt zu positionieren, letztlich hängt es von deinem Produkt sowie von deiner Persönlichkeit ab, welchen Weg du einschlagen möchtest.
Bei der Strategieentwicklung ist es wichtig, sich auf die eigenen Stärken zu fokussieren!
Wenn ihr euch eine Vielzahl an Strategien überlegt habt, solltet ihr diese nun auf Erfolgswahrscheinlichkeit prüfen. Dabei helfen euch folgende Fragen:

- Hilft die Strategie, Chancen zu nutzen? (Siehe Abschn. 5.3 SWOT-Analyse)
- Beruht sie auf den wesentlichen Stärken der heutigen oder zukünftigen Mitarbeiter?
- Hilft uns die Strategie, der Vision näher zu kommen?
- Erfüllt die Strategie die Lebensvisionen aller Gesellschafter und Mitarbeiter?
- Ist die Strategie finanziell durchführbar? Benötigt ihr dafür Kapital? Hier greift die grundlegende Entscheidung, ob ihr Kapital aufnehmen oder aus eigener Kraft wachsen wollt.

Wenn Ihr euch für einen strategischen Fokus entschieden habt, ist es ebenfalls wichtig, dass alle Gründer diesen akzeptieren (Relation zwischen potenziellem Ertrag und Risiko). Dafür gilt es abzuschätzen, welche finanziellen Auswirkungen sich ergeben können (Umsatz, Kosten, geplante Investitionen, Gewinn und Cashflow-Erwartungen.) Diese Punkte werden für gewöhnlich im Business-Plan untersucht:

- Ist die Strategie umsetzbar?
- Sind genügend finanzielle Mittel vorhanden?
- Steht entsprechend qualifiziertes Personal zur Verfügung bzw. sind alle notwendigen Kompetenzen im Gründerteam vorhanden oder können diese erworben werden?

Aus der Strategie könnt ihr dann im nächsten Schritt Unterziele ableiten und diese in der Balanced Scorecard verankern. Seht die Strategien als

Hypothesen. Sie sind nicht in Stein gemeißelt und werden sich im Laufe der Unternehmensentwicklung verändern.

> **Beispiel**
> Intuitiv entwickelt der Apfelbaum seine eigene Wachstumsstrategie. Stellt sich ihm etwas in den Weg, wächst er drumherum.

Literatur

1. Hügens T (2008) Balanced Scorecard und Ursache-Wirkungsbeziehungen. Springer, Wiesbaden
2. Sternad D (2015) Strategieentwicklung kompakt: Eine praxisorientierte Einführung. Springer Gabler, Wiesbaden

7

Strategy Map: Beziehungen, die zum Erfolg führen

Zusammenfassung Die Balanced Scorecard dient dem Zweck, die Vision umsetzbar zu machen und mit Kennzahlen zu versehen. Die verschiedenen Ebenen sollen entsprechend zum Erreichen der Vision beizutragen. Durch eine Strategiekarte wird versucht, die Ebenen miteinander in Beziehung zu setzen und zu betrachten, welchen Einfluss welche Ebene bzw. Strategie auf die anderen Ebenen und auf die Vision haben. Dies wird in sogenannten Kausalbeziehungen ausgedrückt.

> „Die gesündesten Organisationen bestehen aus Abteilungen, deren Agenden sich unterscheiden, aber deren Ziele miteinander verbunden sind."
> Edwin E. Catmull/Amy Wallace [1]

Die BSC wird für das gesamte Unternehmen aus der Vogelperspektive entwickelt. Es ist aber auch möglich, diese weiter aufzusplitten, z. B. in einzelne Mitarbeiter-Scorecards oder Abteilungs-Scorecards. Für den Anfang sollte jedoch eine BSC, die das gesamte Vorhaben berücksichtigt, ausreichen. Wenn du dein Unternehmen skaliert hast, kannst du dir überlegen, Mitarbeiter-Scorecards in Kombination mit den persönlichen Lebenszielen als Führungsinstrument zu nutzen (Abb. 7.1). [2]

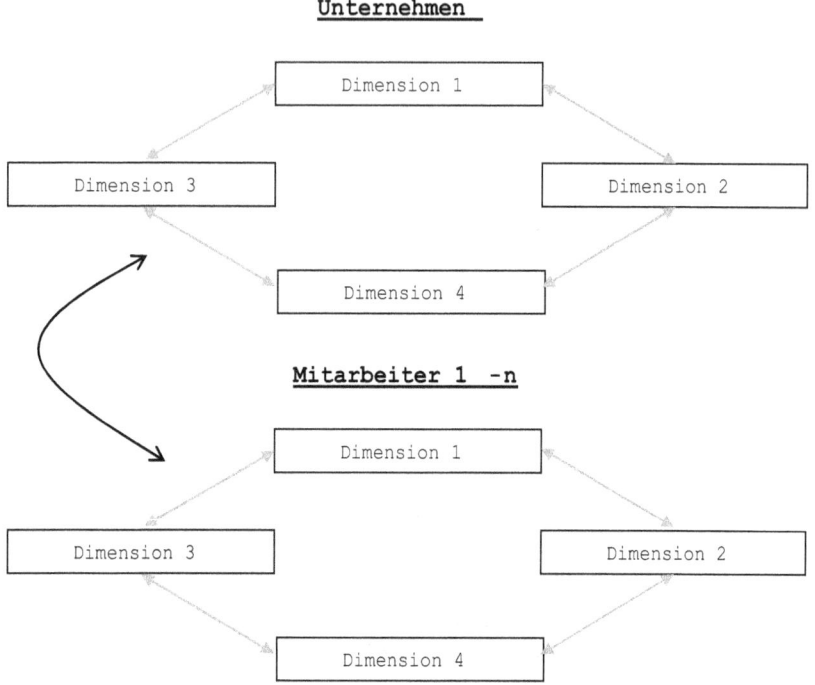

Abb. 7.1 Balanced-Scorecard-Dimensionen (eigene Darstellung)

Als oberste Ebene gilt die Finanzielle Perspektive. Alle anderen Ebenen werden dann mit der Finanzperspektive in Beziehung gebracht. Dieses Konzept nennt sich „strategy map".

Viel schwieriger als das Entwickeln von Strategien ist das Umsetzen. Erwartungen können nicht immer erfüllt werden, daher gilt es, Strategien von Zeit zu Zeit anzupassen. Wichtig ist: Alle im Unternehmen sollten die Strategien verstehen und akzeptieren. Bei der Strategy Map werden die vier Perspektiven der Balanced Scorecard in eine strategische Landkarte gegossen und visuell aufbereitet. So erkennen alle Mitarbeiter, wie z. B. die Kundenzufriedenheit mit dem Erfolg des Unternehmens zusammenhängt. [3]

Die Excel-Vorlage für die Übersicht kannst du kostenlos unter folgendem Link herunterladen: https://gross-foodconsulting.de/erfolgskonzepte-fuer-food-start-ups/bonus

7 Strategy Map: Beziehungen, die zum Erfolg führen

Wenn du die Vorlage aus dem Downloadbereich nutzt, kannst du deine Strategien und Kennzahlen dort in die entsprechenden Spalten eintragen. Zu den jeweiligen Strategien überlegst du dir passende Kennzahlen und Zielsetzungen, ergänzt durch eine kurze Erläuterung der jeweiligen Kennzahl, den Rhythmus (wie oft willst du sie messen) und ob sie quantitativ oder qualitativ ist.

Strategiekarte
Die „Strategy Map" (Abb. 7.2) verknüpft und visualisiert alle Parameter, die du bisher entwickelt hast:

- Vision/Mission
- Strategische Prioritäten
- Strategische Ergebnisse
- Deine Strategien
- Kennzahlen
- Ziele

Wenn du deine „Strategy Map" (Abb. 7.2) erstellt hast, kannst du dir Kausalbeziehungen überlegen. Dabei verknüpfst du die Strategien, von denen du glaubst, dass sie Auswirkungen aufeinander haben.

Vision					
Mission					
Strategien					
strategisches Ergebnis					
	Strategische Objekte		Kennzahlen	Ziele	Notizen
Finanzen					
Kunden					
Interne Prozesse					
Mitarbeiter					

Abb. 7.2 Strategy Map Vorlage (eigene Vorlage, Abbildung in Anlehnung an Intrafocus [4] aus eigener Vorlage unter https://gross-foodconsulting.de/erfolgskonzepte-fuer-food-start-ups/bonus)

Die Verfügbarkeit von Kausalitäten betrachte ich jedoch kritisch. Im Buch „Narren des Zufalls" schreibt der Autor Nassim Nicholas Taleb von Nicht-Linearität [5]. Ich möchte an dieser Stelle nicht auf die mathematische Methodik eingehen, zumal ich mir dessen bewusst bin, diese nicht ansatzweise zu beherrschen. Das Prinzip muss meines Erachtens in diesem Zusammenhang jedoch erwähnt werden. Bei Ursache-Wirkungs-Ketten gehen wir davon aus, dass das Erhöhen von Input (A) auch das Ergebnis (Z) erhöht.

Spiegelt das die Realität wider?

Ein Beispiel: Du lernst Tage, Wochen oder Monate für ein bestimmtes Thema, das dir nicht liegt (beispielsweise für den Mathe-Test), und am Ende hast du es immer noch nicht verstanden. Dann hast du eines Tages eine „Erleuchtung" und es endlich kapiert. Das kann innerhalb weniger Minuten passieren. Das Ergebnis (Z) hat sich also nicht um den gleichen Input (A) erhöht. [5]

Unser Hirn liebt es allerdings, linear zu denken und ist auch nicht wirklich zu etwas anderem fähig.

Deine Balanced Scorecard kannst du ebenfalls als MVP (Minimum Viable Product, wird in Kap. 8 erläutert) sehen. Auch diese ist nicht statisch und sollte immer mal wieder (z. B. jährlich) überprüft und angepasst werden. Im besten Fall werden in diesen Prozess alle Mitarbeiter eingebunden.

7.1 Maßnahmen zur Zielerreichung

In diesem Schritt werden Maßnahmen festgelegt, die zum Erreichen der Ziele dienen. Diese Maßnahmendienen der Klarheit darüber, welche Aufgaben regelmäßig zu erledigen sind. Ein erster Ansatzpunkt ist der Bereich der Schlüsselaktivitäten aus dem Canvas-Modell (Abschn. 4.2).

Welche Maßnahmen eignen sich, um deine Ziele zu erreichen? Hier gilt es den Fokus zu setzen.

Mögliche Maßnahmen könnten sein: Kundengewinnung, Partnerschaften pflegen, produzieren, Qualitätsmanagement, Marketing, Newsletter erstellen, Homepage pflegen.

Aus diesen Maßnahmen ergibt sich eine lange Liste von zu erledigenden Aufgaben. Damit du nicht in negativen Stress verfällst, empfehle ich, diese Liste zu clustern und jeweils zu überlegen:

Aufgabencluster
- Bis wann muss die Maßnahme erledigt sein?
- Welche Auswirkungen hat die Maßnahme auf meine Ziele und letztlich auf meine Vision? (Priorisieren)
- Kann die Maßnahme auch komplett gelöscht werden? Hilft sie auf dem Weg zur Vision?
- Kann ich die Aufgabe intern oder extern delegieren? Wenn extern, was kostet es mich?
- Wer erledigt die Maßnahme? Eine Maßnahme sollte so kleinteilig sein, dass nur eine Person verantwortlich ist.

7.2 Kennzahlen der Balanced Scorecard

Wie bereits erwähnt, ist es eine Sache, sich Strategien zu überlegen, aber eine andere, diese auch umzusetzen. Kennzahlen helfen, in die Umsetzung zu kommen und regelmäßig zu prüfen, ob du die richtigen Strategien gesetzt hast.

Den Kennzahlen liegen verschiedene Merkmale zugrunde. Sie sind entweder von qualitativem oder quantitativem Charakter und werden in unterschiedlichen Rhythmen gemessen.

Eine weitere Unterscheidung könnte nach Früh- oder Spätindikatoren getroffen werden. Frühindikatoren zeichnen die Entwicklung des strategischen Ziels vor, während Spätindikatoren die Werte der Vergangenheit abbilden.

Für deine „Strategy Map" (Abb. 7.2) kannst du dir passende Kennzahlen überlegen, die deine Strategien widerspiegeln.

Das Erreichen von bestimmten Soll-Werten der Kennzahlen kann außerdem als Anreizsystem in Provisionsmodelle für Mitarbeiter einfließen. Dabei ist es wichtig, die Mitarbeiter bei der Ermittlung der Soll-Zahlen (Ziele) zu integrieren (Tab. 7.1).

Beispiele für Kennzahlen

Tab. 7.1 Beispiele für Kennzahlen

Kennzahl	Rythmus	Erklärung
Umsatz	monatlich	Alle Einnahmen
Gewinn	monatlich	Erträge-Aufwendungen
Social Benefit	jährlich	Mehrwert für die Gesellschaft; schwer messbar, eher qualitativer Natur.
Betriebsergebnis	jährlich	Viele Interpretationsmöglichkeiten. Kann z. B. berechnet werden durch Einnahmen-Ausgaben-kalkulatorische Kosten – Abschreibungen
Cashflow	monatlich	Der Cashflow gibt an, wie viele liquiden Mittel dir zur Verfügung stehen.
Wiederkaufsrate	monatlich	Wiederkaufsrate = Anzahl der Kunden, die mehr als einmal eingekauft haben/Gesamtanzahl der Kunden
Personalaufwandstangente	monatlich	Personalkosten/Umsatz
Marge		Verschiedene Möglichkeiten. z. b. Handelsmarge = VK-EK (siehe Kapitel Preis)
Customer-Lifetime-Value	jährlich	Customer-Lifetime-Value = (durchschnittlicher Auftragswert) x (Anzahl der Wiederholungskäufe) x (durchschnittliche Verweildauer)

Literatur

1. Catmull EE, Wallace A (2014) Die Kreativitäts AG: Wie man die unsichtbaren Kräfte überwindet, die echter Inspiration im Wege stehen. Hanser, München
2. Hügens T (2008) Balance Scorecard und Ursache-Wirkungsbeziehungen. Springer, Wiesbaden
3. Dissertation Philip Matlachowsky (2008) Implementierungsstand der Balanced Scorecard: Fallstudienbasierte Analyse in deutschen Unternehmen Gabler Edition Wissenschaft Research in Management Accounting & Control, WHU – Otto Beisheim School of Management, Vallendar
4. Strategy Map Vorlage. https://www.intrafocus.com/strategy-maps/. Zugegriffen am 04.06.2021
5. Nassim Nicholas Taleb (2013) Narren des Zufalls: Die unterschätzte Rolle des Zufalls in unserem Leben. Btb, München

8
MVP: Der perfekte Apfel

Zusammenfassung Du hast eine grandiose Idee für das neue Food-Einhorn. Du malst dir in deinen Träumen aus, wie es schmeckt, riecht und aussieht oder wie das Verpackungsdesign im Regal glänzt und von tausenden Kunden gekauft wird. Du willst, dass alles perfekt wird, bevor der erste Kunde dein Produkt probiert. Der perfekte Geschmack, eine angenehme Textur und das optimale Verpackungsdesign deines Produkts sollen den potenziellen Kunden von Anfang an begeistern und an deine Marke binden. In der Realität ist es keine Seltenheit, dass du nach einem Jahr Rezeptentwicklung in deiner Heimküche noch keinen Euro Umsatz gemacht hast. Deine Idee beruht zu diesem Zeitpunkt allein auf der Annahme, dass es dafür sicher Kunden geben wird. Das Konzept des MVP (Minimum Viable Product) setzt sich dem entgegen. Perfektion wird in diesem Konzept durch Imperfektion erreicht, durch schnelle Fehler und den Mut, potenzielle Kunden bereits in einer frühen Phase der Produktentwicklung einzubinden.

In den Kapiteln eins bis sieben ging es um abstrakte Themen wie eine Vision oder Strategien. In diesem Kapitel wird es endlich um die konkrete Verwirklichung deiner Träume gehen. Darum, wie du von einer Idee ins Handeln kommst. Wie du den perfekten Apfel erreichst – durch Imperfektion, Mut und die Bereitschaft zur Marktforschung.

„Wir haben 1 Jahr lang Marktforschung betrieben, um zu erfahren, wie wir unseren Online-Shop aufbauen." Dr. Helmut Leopold von myEnso [1]

MVP steht für „Minimum Viable Product", wörtlich übersetzt also ein minimal überlebendes Produkt. Es ist eher als Prozess zu verstehen. Ein Prozess, in dem du versuchst zu verstehen, welche Bedürfnisse und Probleme deine Kunden haben. Dafür nutzt du das am schnellsten zu entwickelnde Produkt, das einen Nutzen für deine Zielgruppe bringt bzw. deren Bedürfnis deckt. Diesen Prozess wiederholst du so lange bis ein auf deine Zielgruppe abgestimmtes Produkt entstanden ist.

„Ich habe mein Produkt ein Jahr lang mit meiner Zielgruppe zusammen entwickelt." Julia Bonk von Gastro Marktplatz [2]

Während dieses Prozesses solltest du intensiv mit Deiner Zielgruppe kommunizieren. Sobald du deine erste Produktversion fertig hast, kannst du diese zum Verkosten anbieten. Möglichkeiten für die erste Verkostung gibt es viele: Online nach Testern suchen und Proben per Post verschicken und/oder diese auf einem Wochenmarkt, in einem Lebensmittelgeschäft oder in einer passenden Hochschule verteilen.

Die Personengruppe für das Testen sollte auf keinen Fall aus deinem persönlichen Umfeld kommen! Die Gefahr, dort kein ehrliches Feedback zu erhalten, ist zu hoch. Wenn dir die erste Produktversion nicht peinlich ist, bist du zu spät dran. Du benötigst keine Verpackung, kein Logo und keine Homepage, um dir erstes Feedback zu holen. Nutze jede Kritik, um dein Produkt zu optimieren. Denke immer daran: Du entwickelst ein Produkt für deine Kunden und nicht für dein Ego. [3]

„Ein häufiger Fehler ist die Fehlkalkulation für den Zeitaufwand der Produktentwicklung. Nicht selten dauert dies über sechs Monate." Christan Dieckmann von Nuso [4]

Das Produkt darf dabei auch erst zu 60 Prozent fertig sein, auch wenn es schwerfällt und du lieber ein hundertprozentig perfektes Produkt verkosten lassen möchtest. Aber hier lautet die Devise: „version one is better than version none". Schlussfolgernd solltest du schnellstmöglich ein erstes Produkt entwerfen und damit zu deinen potenziellen Kunden gehen, um ihr Feedback zu bekommen. Damit kannst du deine Rezeptur, dein Verpackungslayout und Deine Vertriebs- und Marketingstrategie verbessern.

> „Um unsere Produkte zu testen und valides Feedback zu bekommen, haben wir über Instagram Leute gesucht, die sich für pflanzliche Ernährung interessieren." Bene & Basti von eatPlants [5]

Ein Weg, nach potenziellen Kunden zu suchen ist Social Media. Bene und Basti von eatPlants haben darüber Interessenten gesucht und ihnen Proben geschickt. Bezahlt wirst du mit dem Feedback. Dies sind erforderliche Investitionen, da du für die Produkte statt einer monetären Vergütung Feedback bekommst. Aber dieses Feedback ist goldwert.

> „Ich musste erstmal testen, wie meine Produkte bei den Kunden ankommen." Marina Herter von HappySnäx [6]

Dabei solltest du von deinen Interessenten nicht einfach eine frei verfasste und differenzierte Bewertung als Feedback erwarten, sondern die Antworten gut vorbereiten. Entwirf einen kleinen Fragebogen mit den Aspekten, für die du Feedback wünschst. Diesen Bogen druckst du aus und verschickst ihn zusammen mit der Probe oder du versendest per Mail einen Link zu einer Online-Umfrage. Du könntest dabei auch verschiedene Variationen deines Produkts verschicken, z. B. drei Varianten, und fragen, welche den Kunden am besten schmeckt. Wichtig bei der Online-Dateneingabe ist die Einwilligung der Teilnehmer gemäß DSGVO. Ein Extra-Tipp von mir: Frage dabei parallel auch die Einwilligung zum Newsletter ab, denn so hast du nicht nur Feedback von deinen Teilnehmern, sondern kannst sie fortan auch direkt als potenzielle Kunden kontaktieren. Außerdem kannst du deine Gründungs-Reise auch als Storytelling-Element für deine Social-Media-Kanäle oder den eben erwähnten Newsletter verwenden.

Zusätzlich kannst du deine Teilnehmer mit einem kleinen Hinweis im Probenpaket bitten, ein Unboxing Foto/Video oder etwas von der Verkostung in ihren Social-Media-Kanälen zu posten und deinen Account zu verlinken.

Ein weiterer Weg der Social-Media-Nutzung ist die Kooperation mit Influencern. Da sich dies aber auch negativ auf deine Marke auswirken kann, empfehle ich, dies erst dann zu tun, wenn dein Produkt schon ausgereifter ist.

„Wir haben da ein paar Influencer, die wir mit unseren Produkten bemustern und uns von ihnen Feedback wünschen." Jörg Daunke von J. Kinski [7]

Wenn du Budget sparen möchtest, kannst du auch in Facebook eine private Veranstaltung starten und deine Facebook-Freunde dazu einladen, deine Produkte zu verkosten und dir Feedback zu geben. Dabei ist es wichtig, ehrliches und anonymes Feedback zu bekommen. Dies solltest du ebenfalls gut vorbereiten. Auch hier gilt:

Erstelle einen Fragebogen und lass deine Teilnehmer diesen ausfüllen. Diese Aktion könntest du beispielsweise als Event gestalten.

Generell solltest du unbedingt soziodemografische und psychografische Daten abfragen wie Alter oder Geschlecht, da du dies für das Erstellen deiner Zielgruppe nutzen kannst.

Eine Idee, um wirklich ehrliches Feedback zu bekommen: Verkoste dein Produkt zusammen mit Konkurrenzprodukten (ohne Verpackung = anonymisiert) und sage den Teilnehmern nicht, welches von dir ist.

Für deine ersten Tests reicht es, wenn du dir ein paar neutrale Bodenbeutel bestellst, [8] und diese mit bedruckten Etiketten verschickst. In Bürobedarfshops oder im Internet gibt es z. B. von Avery Zweckform verschiedene Etiketten zum Selbstbedrucken. Somit sparst du dir zu Beginn die Kosten für Logo und Design und kannst dich erstmal auf dein Produkt fokussieren.

Experimentiere auch mit verschiedenen Gewürzen und Texturen, möglicherweise entdeckst du dabei neue Produktvarianten, die deinen

Kunden gut gefallen können. Außerdem solltest du prüfen, wie sich die Qualität deines Produktes über verschiedene Zeitintervalle verändert: Muss dein Produkt direkt nach der Produktion verzehrt werden? Was würde es für die Konsistenz bedeuten, wenn du es mehrere Tage lagerst, bevor es verzehrt wird? Ist dein Produkt verzehrfertig oder muss es noch fertig zubereitet werden? Diese Fragen spielen eine wichtige Rolle für dein Qualitätsmanagement und damit für deinen Erfolg. [8]

„Sei dir bewusst, dass wahrscheinlich schon mal jemand deine Idee hatte. Es braucht viel Durchhaltevermögen. Aber wenn du wirklich dahinterstehst und motiviert bist, die Lebensmittelindustrie ein bisschen besser zu machen, dann ist das eine gute Grundvoraussetzung." Dan Anthes [9]

Regionale Läden wie Bioläden, Unverpacktläden, Bäckereien oder Metzgereien bieten ebenfalls eine gute Möglichkeit, Verkostungen mit Feedback einzuholen, genauso regionale Foodmessen. Mittlerweile gibt es unzählige Lebensmittelmessen, Veranstaltungen oder Bauernmärkte.

Des Weiteren bieten auch Hochschulen mit Lebensmittelstudiengängen die Möglichkeit, Verkostungen durchzuführen und zu validieren.

Wenn du die Proben lieber per Dienstleister an Probanden versenden möchtest, gibt es dazu in Deutschland bereits ein paar Anbieter. Der Nachteil dabei ist, dass du die Kontaktdaten nicht bekommst und somit das Potenzial für neue Kunden vergibst. Auf der anderen Seite hast du den Vorteil, Kunden nicht zu „verschrecken", falls dein Produkt noch nicht ausgereift genug ist. Bei „metacrew" (https://www.metacrew.de/) zum Beispiel kannst du ein mehrstufiges Verfahren durchlaufen. Im ersten Schritt wird es bei „oh of the day" getestet. Dies ist eine unabhängige Community Plattform, für die sich Tester bewerben müssen und somit vorselektiert werden. Danach werden Produkte mit passenden Testern gematched. Wenn die passende Testgruppe erstellt ist, werden die Produkte an diese Gruppe versendet und ihr Feedback eingeholt. Wenn das Produkt positiv bewertet wird, hast du eine Chance, in die Sampling Box von metacrew aufgenommen zu werden.

Bei Utry.me dagegen können sich die Kunden eigene Samplingboxen zusammenstellen. Auch hier erhältst du das Kundenfeedback für deine Produkte. [10]

Nutze die zahllosen Möglichkeiten, um das Beste aus deiner Produktidee zu machen. Der Apfelbaum ist schließlich auch das Resultat aus unzähligen Experimenten und Kreuzungen – und nur die besten Sorten haben es in die Supermärkte geschafft.

„Investiere nicht zu früh zu viel in das erste Produkt." Konstantin Timm von KaleAndMe [11]

Diesen wichtigen Tipp solltest du dir bei deinem ersten Produkt zu Herzen nehmen. Die Wahrscheinlichkeit ist sehr hoch, dass das Endprodukt, welches es am Schluss schafft deine Kunden zu begeistern, nicht das Produkt ist, dass du zu Beginn deiner Reise geplant hast. Deshalb investiere nicht zu viel zu früh in das Produkt, sondern gestalte ein MVP und entwickle es weiter. Investiere lieber in das Geschäftsmodell, denn das sollte nicht vom Produkt abhängig sein. Dazu musst du fähig sein, auch loslassen zu können. Wenn das Feedback für deine Idee so ausfällt, dass es keinen Markt dafür gibt, dann halte nicht mit aller Gewalt daran fest. „Eine Lücke im Markt macht noch keinen Markt in der Lücke". [12]

Literatur

1. Gross T (2020) Interview mit Dr. Helmut Leopold Titel: „Dr. Helmut Leopold von myEnso im Interview", Veröffentlicht am 19.11.2020. https://grossfoodconsulting.libsyn.com/dr-helmut-leopold-von-myenso-im-interview. Zugegriffen am 06.06.2021
2. Gross T (2020) Interview mit Julia Bonk, Titel: „Julia Bonk vom Gastro Marktplatz im Interview", Veröffentlicht am 03.04.2020. https://grossfoodconsulting.libsyn.com/julia-bonk-vom-gastro-marktplatz-im-interview
3. Ries E (2017) The startup way: how modern companies use entrepreneurial management to transform culture and drive long-term growth. Curreny, New York
4. Gross T (2021) Interview mit Christian Dieckmann, Titel: „Produktion und Deklaration für Food-Start-ups: Christian Dieckmann von Nuso im Interview", Veröffentlicht am 17.06.2021. https://grossfoodconsulting.libsyn.com/produktion-und-deklaration-fr-food-start-ups-christian-dieckmann-von-nuso-im-interview

5. Gross T (2020) Interview mit Benedikt Rapp und Sebastian Bentele Titel: „Bene und Basti von eatPlants im Interview", Veröffentlicht am 04.06.2020. https://grossfoodconsulting.libsyn.com/bene-und-basti-von-eatplants-im-interview
6. Gross T (2020) Interview mit Marina Herter Titel: „Marina Herter von Happysnäx im Interview:", Veröffentlicht am 29.10.2020. https://grossfoodconsulting.libsyn.com/marina-hrter-von-happysnx-im-interview
7. Gross T (2020) Interview mit Jörg Daunke, Titel: „Jörg von J. Kinski – Experte für hochwertige Brühen und Fonds im Interview", Veröffentlicht am 04.06.2020. https://grossfoodconsulting.libsyn.com/jrg-von-jkinski-experte-fr-hochwertige-brhen-und-fonds-im-interview
8. Lewis J (2011) Starting a part-time food business: everything you need to know to turn your love for food into a successful business without necessarily quitting your day job. Rabbit Ranch Pub
9. Gross T (2020) Interview mit Dan Anthes, Titel: „Interview mit Dan Anthes: Sustainability Ninja", Veröffentlicht am 30.03.2020. https://grossfoodconsulting.libsyn.com/interview-mit-dan-anthes
10. Lea Sustersic (2021) Was will dein Kunde wirklich? Digitale Lösungen der Marktforschung. https://foodhub-nrw.de/news/was-will-dein-kunde-wirklich-digitale-losungen-der-marktforschung. Zugegriffen am 06.06.2021
11. Gross T (2020) Interview mit Konstantin Timm, Titel: „Konstantin Tim von KaleAndMe im Interview", Veröffentlicht am 15.10.2020. https://grossfoodconsulting.libsyn.com/konstantin-tim-von-kaleandme-im-interview
12. Marcousé I et al (2015) Das Management-Buch: Große Ideen einfach erklärt. Dorling Kindersley, München

9

Regelbruch: Die Birne am Apfelbaum

Zusammenfassung In diesem Kapitel möchte ich ein mir persönlich wichtiges Thema aufgreifen: Den Regelbruch. Um das vorab klarzustellen: Damit ist nicht Gesetzesbruch gemeint! Doch Juristen nutzen geschickt Lücken in den Gesetzen. So kannst auch du Lücken nutzen und Regeln bzw. Gesellschaftsnormen umgehen oder brechen und dies zu deinem Vorteil nutzen. Dazu zählen auch Glaubenssätze, die viele von uns unterbewusst mit sich tragen und selten oder nie hinterfragen. Sätze wie: „Das haben wir schon immer so gemacht" fallen dort zum Beispiel hinein.

Wenn du bei YouTube den Suchbegriff „Student bei der Prüfung" eingibst, findest du ein kurzes Video, welches mustergültig das Thema Regelbruch zeigt: In diesem Video ist eine Prüfungssituation zu sehen. Der Professor verkündet: „Es ist nur noch eine Minute Zeit bis zur Abgabe." Die Studierenden stehen nach und nach auf, gehen im mit knarzendem Parkett ausgelegten Hörsaal nach vorne und legen ihre fertigen Prüfungsunterlagen auf einen Stapel. Alle bis auf einen Studenten. Als alle bis auf ihn den Hörsaal verlassen haben, steht er auf und geht ebenfalls nach vorne, um seine Unterlagen abzugeben. Der Professor sagt ihm in herablassendem Ton: „Die Zeit ist um. Sie sind durchgefallen. Sorry." Daraufhin fragt der Student: „Wissen Sie überhaupt, wer ich bin?". Der Professor antwortet: „Ich habe absolut keine Ahnung". Der Student erwidert: „Wunderbar". Er legt seine Prüfung in die Mitte des Stapels, sodass nicht zurückzuverfolgen ist, welche Arbeit von ihm stammt, nimmt sich zur Krönung des ganzen noch den Apfel des Professors und läuft gemütlich aus dem Hörsaal.

Diese kleine – wenn auch gestellte – Geschichte zeigt eindrücklich, dass ein Perspektivwechsel auf allgemeine Regeln zum eigenen Vorteil genutzt werden kann.

Varianten des Regelbruchs
Wir sind daran gewöhnt, Prozesse anzunehmen und in starre Verhaltensmuster zu überführen. Eine Veränderung erfordert Kreativität und den Mut, anders zu denken.

Es können drei Varianten eines Regelbruchs stattfinden:

- Selbstinduzierte Neuheit von Regeln
- Adaption erfolgreicher Modelle anderer Branchen
- Erzwungener Regelbruch durch andere Pioniere [1]

Besonders in gesättigten Märkten (dazu zählt auch der Lebensmittelsektor) hilft ein strategischer Regelbruch, um aus stagnierenden Märkten auszubrechen. Im Rahmen der Entwicklung der Balanced Scorecard hast du dir bereits Strategien überlegt. Jetzt möchte ich dir eine weitere Perspektive zur Strategiefindung aufzeigen. Wenn dich dieser Ansatz anspricht, kannst du deine bereits entwickelten Strategien damit noch einmal aus einem anderen Blickwinkel betrachten.

Regelarten
Regeln im wirtschaftlichen Kontext (weiche Regeln) dienen dazu, Effizienz und Rationalität handhabbar zu machen. Ein wichtiges Kriterium für diese Regeln ist, dass sie kein direktes Sanktionierungssystem haben, im Gegensatz zu gesetzlichen Richtlinien (harte Regeln).

Wie in dem Video „Student bei der Prüfung" gab es auf die Aktion keine Sanktionierung, im Gegensatz zu einem Gesetzesbruch.

Des Weiteren verfolgen Marktteilnehmer diese weichen Regeln mit einem strategischen und opportunistischen Hintergedanken. Diese

9 Regelbruch: Die Birne am Apfelbaum

Regeln sind richtungsweisend, um bessere Unternehmensergebnisse zu erzielen. Meist beruhen sie auf empirischen Erkenntnissen. Um sich diese nutzbar zu machen, kannst du verschiedene Management-Modelle wie beispielsweise die SWOT-Analyse, Balanced Scorecard oder das Business-Model-Canvas (Abschn. 4.2) anwenden.

Diese Werkzeuge helfen dir, die Regeln zu erfassen. Für einen erfolgsorientierten Regelbruch interessieren uns logischerweise nur weiche Regeln. [1]

Harte Regeln (Gesetze) können dennoch einen wichtigen Einfluss auf die Branche haben, nur sind sie eben kaum beeinflussbar. Ein Beispiel für eine aktuelle derartige Entwicklung ist das Plastikverbot, das erhebliche Auswirkungen auf die Food-Branche hat.

> **Regelbruch**
>
> Eine meiner persönlichen Erfahrungen mit einem Regelbruch ereignete sich in der Fachoberschule. Dort gab es eine Theatergruppe, die einmal im Jahr einen öffentlichen Auftritt veranstaltete. Eines Tages teilte die Klassenlehrerin meiner Klasse mit, dass wir fünf Euro für ein Ticket zu dieser Veranstaltung mitbringen mussten. Die Teilnahme und Bezahlung wurde als verpflichtend beschrieben. Schlussfolgernd mussten wir auch mit dem Ticket daran teilnehmen. Wir wurden gebeten, zum Stichtag in einer Woche das Geld mitzubringen, sie wollte es dann einsammeln.
>
> In unserem Klassenraum waren die Tische und Stühle als „U" formiert. Ich saß ganz vorne an der Eingangstür. Am Stichtag fing die Lehrerin an, das Geld einzusammeln. Sie startete auf der mir gegenüberliegenden Seite, sodass ich als Letzter an der Reihe war. Alle Schüler übergaben der Reihe nach den Betrag an die Lehrerin. Als sie bei mir ankam, fragte ich: „Was passiert, wenn ich den Betrag nicht bezahle? Denn habe ich kein Interesse an Theater." Nach einer kurzen Denkpause erwiderte sie, sie wüsste nicht, was das für Konsequenzen hätte. Letztlich habe ich als Einziger aus der Klasse den Betrag nicht gezahlt, ohne weitere Konsequenzen. Ich gewann lediglich einen freien Vormittag.

Mit dieser Geschichte möchte ich dir zeigen, dass es gut ist, Dinge zu hinterfragen. Nur, weil Regeln gesellschaftlich anerkannt und akzeptiert sind, musst du sie noch lange nicht übernehmen. Es lohnt sich, MERKwürdig zu sein und den vorgegebenen Rahmen auch mal nicht zu akzeptieren.

Regeln erster Ordnung
Interessant sind vor allem Regelbrüche der zweiten, dritten oder vierten Ordnung (siehe Abb. 9.1).

Dennoch im Folgenden ein kurzes Beispiel, wie ein Regelbruch erster Ordnung zu Reichweite und Umsatz führen kann.

„Achtung, wenig Zucker"

Es gibt viele Limonaden-Marken auf dem Markt, einige sind sehr bekannt und andere weniger. Eine der vielen ist Lemonaid, anfangs war sie nur im Biohandel verfügbar, mittlerweile ist sie auch allgemein recht bekannt. Lemonaid hat sich auf die Fahne geschrieben, Limonade mit reduziertem Zuckergehalt zu verkaufen. Im deutschen Lebensmittelgesetz gibt es eine Mindestzuckergrenze für Limonaden. Diese Grenze hat Lemonaid unterschritten und deshalb eine Abmahnung mit dem Inhalt erhalten, dass sie ihre Produkte nicht als Limonade bezeichnen dürfen. Die Firma hat aus der Not eine Tugend gemacht und diesen Regelbruch für besseres Marketing genutzt, indem sie auf ihre Flaschen einen Aufkleber im Stile von Zigarettenwarnhinweisen gesetzt hat mit dem Text „Achtung, wenig Zucker". Damit hat sie unglaublich viele Presseartikel und hohe Aufmerksamkeit generiert. [2]

Regeln zweiter Ordnung
Diese Regeln beruhen auf theoretischen Erkenntnissen. Es sind Regeln, die durch allgemeingültigen Konsens und aufgrund der Erfahrungen der Marktteilnehmer entstanden sind. So hilft beispielsweise die Preisdifferenzierung, die eigene Situation positiv zu verbessern.

Ein Beispiel: Apple hat die zur damaligen Zeit allgemeingültige Regel für das Beschaffen eines Computers verändert. Damals ging man davon aus, dass die Kaufentscheidung anhand der Rechenleistung etc. als Kriterium erfolgt. Apple hat aus seinen technischen Geräten jedoch Lifestyle-Produkte gemacht und die Kriterien für eine Kaufentscheidung vom reinen Nutzwert hin zu Ästhetik und Design gelenkt.
Es generierte einen bisher unbekannten Kundenwunsch.

9 Regelbruch: Die Birne am Apfelbaum

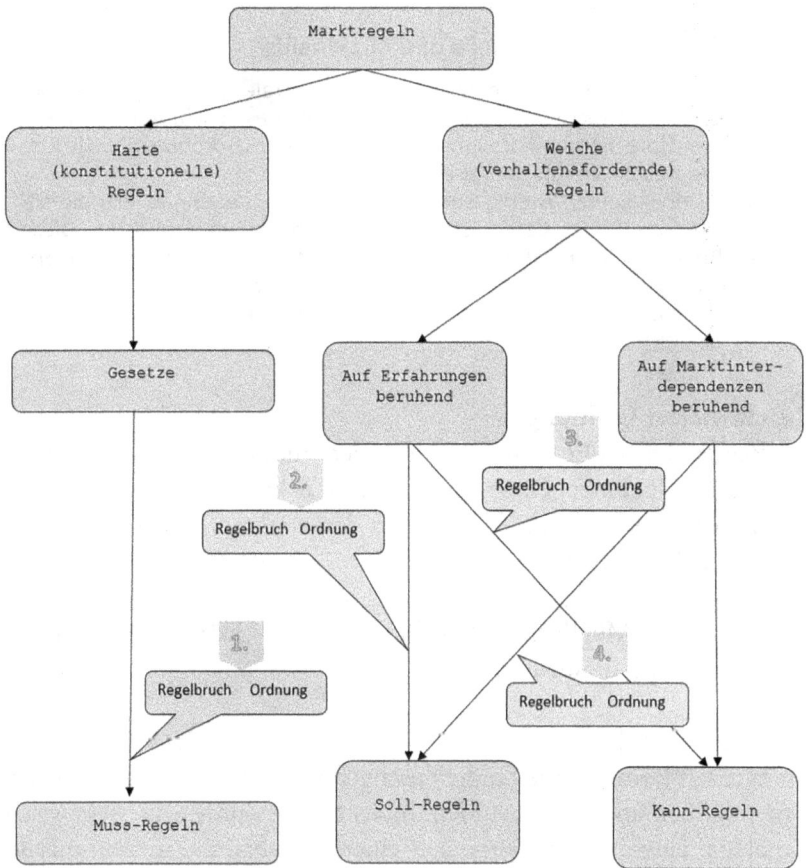

Abb. 9.1 Klassifizierung der Marktregeln (eigene Darstellung nach Winter 2008 [1])

Regeln dritter Ordnung

Diese Regeln betreffen weniger die wirtschaftlichen Ergebnisse, sondern mehr die innerbetrieblichen Abläufe. Es galt zum Beispiel bis zur Corona-Pandemie, dass es effizienter ist, wenn alle Angestellten während der Arbeitszeit in der Firma physisch anwesend sind.

> **Veränderungen durch Quelle und McDonalds**
>
> Quelle gilt als erstes Unternehmen, das eine zentrale Abteilung für das Bearbeiten von Anfragen initialisierte. Bis dahin war es üblich, Anrufer direkt an die entsprechende Abteilung zu leiten. Dadurch konnte Quelle unbewusste Kostensenkungspotenziale freilegen. [1]
> Als es noch keine Systemgastronomie (McDonalds etc.) gab, war die allgemeingültige Regel, dass Gäste ins Restaurant gehen zum Essen. Diese Kann-Regel wurde mit dem Siegeszug der Systemgastronomie verändert. Die Systemgastronomie hat das Essen zum Mitnehmen etabliert und somit eine allgemeingültige Regel gebrochen – aus damaliger Sicht.

Regeln vierter Ordnung

Bei Regeln dieser Ordnung handelt es sich um kumulierte Erkenntnisse der Marktteilnehmer. Diese Regeln erklären kausale Zusammenhänge, die empirisch belegt sind. So korreliert der Marktanteil positiv mit dem Return-on-Investment. [3]

Eine weitere Möglichkeit, Regeln der vierten Ordnung zu finden, ist das Konzept der Erfahrungskurve.

PIMS Studie [4]

Im Jahr 1971 wurde eine Studie durchgeführt, bei der 67 amerikanische Unternehmen untersucht wurden. In der Studie wurde gemessen, welche Variablen einer Geschäftsstrategie einen messbaren Einfluss auf den Return-on-Investment (ROI) haben.

Dabei wurde folgendes festgestellt:
80 % des ROI wird vor allem durch Variablen bestimmt, die die Wettbewerbsposition, Strategie der Geschäftseinheit und Marktstruktur erklären. [1]

> **Positiv-Beispiel Ferrari**
>
> Ferrari hat entgegen der in der nachfolgend skizzierten PIMS-Studie [4] eruierten Marktgesetze bei seinem Modell FXX den Marktanteil bewusst gering gehalten und nur 20 Stück dieser Serie produziert. Dadurch wurde dieses Modell zu einem begehrten Sammlerstück. [1]

Return on Investment

Daraus ergeben sich drei Größen, die den ROI beeinflussen:

- Investitionsintensität (negativer Einfluss)
- Marktanteil (positiver Einfluss)
- Produktqualität (positiver Einfluss)

Der negative Einfluss der Investitionsintensität beruht auf einer erhöhten Zwangsauslastung der teuren Kapazitäten. Der daraus erhöhte Output kann nur durch erhöhte Marketingausgaben oder Niedrigpreisstrategien verkauft werden (Tab. 9.1).

Dabei stellen sich zwei wesentliche Fragen:

- Wo willst du konkurrieren?
- Wie willst du konkurrieren?

Im Gegensatz zur Strategieentwicklung in den vorherigen Kapiteln werden hier stärker die Märkte selbst betrachtet.

Beispiele für gesättigte Teil-Märkte sind Fleisch- und Wurstwaren, Zuckerrüben, Müsli.

Beispiele für Wachstumsmärkte sind Fleischalternativen, free-from-Produkte, eiweißreiche Produkte.

Bei dieser Methode unterscheidet sich die Frage „Wie kann ich konkurrieren?" durch bekannte und neue Regeln. Neue Regeln für den Markt aufzustellen bedeutet: Du musst den Markt so sehr innovieren, dass altbekannte Regeln nicht mehr greifen. Bekannte Regeln anzupassen ist dagegen weniger anspruchsvoll, als neue zu erschaffen.

Beide Möglichkeiten kannst du entweder im gesamten Markt oder in einer Nische anwenden.

Tab. 9.1 Die Vier-Felder-Matrix des Regelbruchs [5]

	Wachstumsmärkte	Gesättigte Märkte
Nische	Konzentration auf Marktnische	Innovation am Teilmarkt
Gesamtmarkt	Überlegene Marktabdeckung auf breiter Front	Änderungen der Grundlagen des Wettbewerbs
	Bekannte Regeln	*Neue Regeln*

Feld 1: Bekannte Regeln + Gesamtmarkt
Die Strategie in diesem Feld zielt auf eine überlegene Marktabdeckung mit nur leichtem Anpassen der Regeln ab. Eine überlegene Marktabdeckung ist im Lebensmittelbereich nur schwer möglich. Du musst dich also auf eine Nische konzentrieren.

Feld 2: Bekannte Regeln + Nische
Dieser Bereich entspricht einer kreativen Segmentierung. In dieses Feld fallen die meisten Food-Start-ups. Die bekannten Regeln werden akzeptiert und innerhalb ihres Rahmens wird eine Nische besetzt.

Feld 3: Neue Regeln + Nische
Den Markt auch nur in einer Nische zu neuen Regeln zu zwingen, ist immer anspruchsvoll. Hierzu passen InFarm, die den Markt der Lebensmittelproduktion völlig neu angegangen sind. InFarm bietet Lösungen für den Anbau von Blattgemüse und Kräutern in Gebäuden. In vielen Edeka- oder Aldi-Märkten stehen im Obst-&-Gemüse-Bereich bereits solche Boxen.

Feld 4: Neue Regeln + Gesamtmarkt
Den Gesamtmarkt zu innovieren und neue Regeln zu erzwingen, ist sehr anspruchsvoll und erfordert neben einer hohen Innovationskraft viel Kapital. Ein Beispiel wäre das von McDonalds damals eingeführte Abholprinzip [1]. Ein weiteres Beispiel ist „toogoodtogo". Mit Ihrer App setzen sie sich gegen Lebensmittelverschwendung ein und ermöglichen es Unternehmen zusätzlichen Umsatz zu generieren, statt Lebensmittel wegzuwerfen. Dafür wurden sie als eines der hundert einflussreichsten Unternehmen gekürt. [6]

Neue Regeln
Als wirkungsvollste Strategie gelten neue Regeln, denn damit wirst du automatisch zur Nummer Eins. Fraglich ist dabei jedoch, ob dir die dazu notwendigen Mittel zur Verfügung stehen.

9 Regelbruch: Die Birne am Apfelbaum

Übersicht
Möglichkeiten, um neue Regeln zu entdecken:

- „Think outside the box"
- Wechsle die Perspektive
- Suche nach Verbindungen
- Höre nicht auf zu suchen [1]

Im Marketing gibt es ebenfalls einen Ansatz dazu: das sogenannte Guerilla-Marketing. Dabei geht es darum, durch ungewöhnliche Marketing-Aktionen mit möglichst geringem Mitteleinsatz aufzufallen und eine große Wirkung zu erzielen. Unter https://gross-foodconsulting.de/erfolgskonzepte-fuer-food-start-ups/bonus findest du ein paar bildhafte Beispiele dieses Ansatzes.

Solche Bilder gehen schnell viral, weil sie anders sind, Regeln brechen und keinen Konventionen folgen.

Du siehst also: Es gibt verschiedene Wege, durch Regelbruch aufzufallen. Überlege Dir, wie du es schaffst, mit deinem Unternehmen bzw. deinem Produkt durch geschicktes Handeln aufzufallen und bei deinen potenziellen Kunden im Gedächtnis zu bleiben. Sei MERK-würdig und bleibe dadurch im Kopf deiner potenziellen Kunden.

Ein gängiges Beispiel aus der unternehmerischen Praxis ist das Konkurrenzdenken. Dieses wurde jahrzehntelang gepredigt. Sätze wie „Konkurrenz belebt das Geschäft" kannst du immer wieder in den Medien lesen. Konkurrenzdenken liegt in der Natur, schließlich vergleichen wir uns ständig. Dieses Vergleichen kann aber zu unklugen Entscheidungen führen.

So konnte an der Harvard School of Public Health ein erstaunliches Ergebnis belegt werden. Probanden wurden in den Untersuchungen zwei Möglichkeiten gegeben und sie sollten entscheiden, welche für sie attraktiver ist: Sie konnten entweder selbst 50.000 Dollar Gehalt verdienen, während alle anderen Kommilitonen im Schnitt nur 25.000 Dollar verdienten – oder selbst ein Gehalt von 100.000 Dollar einstreichen, während die anderen 200.000 Dollar [7] erhalten. Bevor du weiterliest: Für welche Variante würdest du dich entscheiden?

Mehr als die Hälfte der Befragten entschied sich für Variante 1, obwohl sie bei Variante zwei doppelt so viel Gehalt bekommen hätten. Wichtiger war ihnen aber anscheinend, hauptsächlich mehr als die anderen zu verdienen. Du siehst: Vergleichen ist nicht immer gut.

„Ich bin der Meinung, in Deutschland wird mehr Wein getrunken als produziert. Deswegen arbeite ich partnerschaftlich mit anderen Weingütern zusammen und nicht im Konkurrenzkampf." Sabrina Becker vom Weingut Becker [8]

Konkurrenzdenken und Vergleichen führen also dazu, dass wir schlechtere Entscheidungen treffen. Aber gleichzeitig kann es uns auch antreiben, wie z. B. im Sport. Es geht also darum, ein gesundes Mittelmaß zu finden. Ich persönlich fühle mich mit partnerschaftlichen Beziehungen deutlich besser und freue mich, wenn ich diese ausbauen kann.

Ich empfehle Dir für dich selbst ein gesundes Maß zwischen Wettbewerbern und Partnern zu finden, mit dem du dich gut fühlst. Partnerschaften werden dir helfen, unternehmerisch erfolgreicher zu sein, darum suche dir diese gezielt aus. Am Beispiel von Sabrina Becker ist zu erkennen, dass wir in einer globalisierten Welt auch über Ländergrenzen hinweg denken können und uns dadurch andere Betrachtungsweisen entstehen.

Regeln sind letztlich alle menschengemacht, d. h. die Menschen können diese auch wieder ändern.

„Wenn dagegen die Normverletzung öffentlich stattfindet, nicht sanktioniert wird oder der Normverletzer sozial nicht isoliert wird, kommt es zu einer Erosion der formalen Normen. Niemand fühlt sich mehr an diese gebunden." [9]

Durch eine öffentliche Normverletzung können wir Regeln auf gesellschaftlicher Ebene verändern. An meinem Beispiel aus der Fachoberschule, bei dem ich mich weigerte, die Theatergebühren zu bezahlen, wurde diese Aktion mit Beifall der Mitschüler untermauert. Somit wird vermutlich keiner der Mitschüler noch an diese Regel glauben.

Innovationen führen zwangsläufig zu Regeländerungen, wie auch Mega-Trends es tun. Im Lebensmittelbereich wird eine solch akute Regeländerung jedoch nur durch neue politische Regulatorien stattfinden können. Trends sind eher ein schleichender Prozess und verändern selten das gesamte Reglement. Zum Beispiel der Trend zu Fleischalternativen: Der Wandel ist sehr langsam und ohne politische Instrumente wird er, wenn überhaupt, nur sehr langsam greifen.

Timothy Ferriss beschreibt in seinem Buch „Die 4-Stunden Woche" ebenfalls wunderbare Regelbrüche. Er hat es geschafft, mit nur vier Wochen Vorbereitung Weltmeister im chinesischen Boxen zu werden. Dies hat er geschafft, indem er die Regeln sehr genau las: Wenn einer der Kämpfer dreimal den Ring verlässt, hat er verloren. Auf diese Regel baute er seine gesamte Kampftechnik auf. Vor dem Wettkampf werden die Teilnehmer gewogen. Durch eine Dehydrationstechnik konnte er sein Gewicht bis zum Wettkampf auf 165 Pfund Körpergewicht reduzieren, um nach dem Kampf durch Hyperhydration wieder auf 193 Pfund zuzunehmen. „Es ist wesentlicher leichter, gegen jemanden zu gewinnen, der drei Gewichtsklassen unter einem ist". Er gewann durch technische K.O.s – auch, wenn das weder Zuschauer noch Schiedsrichter erfreute. [10]

Literatur

1. Winter N (2008) Dissertation: Regelbruch als Faktor erfolgreicher Unternehmensentwicklung. GRIN
2. Baumann D (2020). https://www.fr.de/wirtschaft/lemonaid-behoerden-limonade-julia-kloeckner-verbraucherschutz-hamburg-getraenke-zucker-ernaehrung-90050362.html. Zugegriffen am 08.06.2021
3. Meffert H (2019) Grundlagen marktorientierter Unternehmensführung Konzepte – Instrumente – Praxisbeispiele. Springer Gabler, Wiesbaden
4. PIMS. https://wirtschaftslexikon.gabler.de/definition/pims-46720. Zugegriffen am 17.04.2022
5. Welge M, Al-Laham A (1992) Planung. Gabler, Heidelberg
6. Time Magazin: 100 most influential Companies. https://time.com/collection/time100-companies-2022/. Zugegriffen am 23.04.2022

7. Solnick S, Hemenway D (1989) Is More Always Better? J Eco Behav Org Journal of Economic Behavior & Organiszation, Volume 37, Seite 373–383
8. Gross T (2020) Interview mit Sabrina Becker Titel: „Sabrina Becker vom Weingut Becker im Interview", Veröffentlicht am 21.05.2020. https://grossfoodconsulting.libsyn.com/sabrina-becker-vom-weingut-becker-im-interview. Zugegriffen am 08.06.2021
9. Kühl S (2020) Die Stabilisierung von Regeln durch Regelbrüche. https://pub.uni-bielefeld.de/download/2949004/2949006/K%C3%BChl%2C%20 Stefan%3B%20Die%20Stabilisierung%20von%20Regeln%20durch%20 Regelbr%C3%BCche%2C%20in%2C%20Compliance%20Berater%20 2020%20%281-2%29.pdf. Zugegriffen am 06.06.2021
10. Ferris T (2010) Die 4-Stunden-Woche: Mehr Zeit, mehr Geld, mehr Leben. Econ, Berlin

10

Finanzierung: Wer bezahlt den ersten Baum?

Zusammenfassung Stell dir vor, du lässt dein Food-Start-up aus eigenen Mitteln wachsen. Du kannst dir vermutlich die ersten ein bis zwei Jahre kein Gehalt auszahlen. Ausnahmen bestätigen die Regel. Doch gibt es viele Wege, die eigene Idee mit genügend Liquidität zu versorgen. Ausreichend finanzielle Mittel sind für dein Food-Start-up so essenziell wie Wasser für den Apfelbaum. Wie Wolf Michael Nietzer, internationaler Investor, zu sagen pflegt: „Ohne Moos nix los." [1]

Welche Möglichkeiten es gibt, deine Idee zu finanzieren und welche Begriffe du als Gründer kennen solltest, möchte ich dir in diesem Kapitel vermitteln.

Wenn du beginnst, deine Idee umzusetzen ist das Auseinandersetzen mit dem Thema Finanzierung unabdingbar. Dieses Thema ist sehr komplex und birgt viele Varianten, die jeweils Vor- und Nachteile mit sich bringen.

Zunächst solltest du dir die Frage stellen, wie viel Geld du zu Beginn benötigst und wie wahrscheinlich es ist, dass es weiterer Finanzspritzen be-

darf. Vergiss dabei nicht, gegebenenfalls deinen Verdienstausfall einzukalkulieren.
Du kannst Kapital auf zwei Weisen aufnehmen:

- Eigenkapital
- Fremdkapital

Beide Kategorien haben weitere Optionen zur Liquiditätsbeschaffung. Beim Beschaffen von Liquidität als Eigenkapital kannst du dir besonders darüber Gedanken machen, wie groß die Eingriffsmöglichkeiten deiner Kapitalgeber sein sollen. Du kannst stille Teilhaber suchen, die von den Gewinnen profitieren und keine Mitspracherechte haben, oder Teilhaber mit offener Beteiligung und Mitspracherecht. Die Wahrscheinlichkeit, stille Teilhaber zu finden, ist allerdings eher gering. Das bestätigte auch Ingo Dahm (Investor) auf Nachfrage [2]. Die meisten Investoren wollen ein Mitspracherecht haben und, ehrlich gesagt, profitierst du davon auch gewaltig. Denn letztlich haben die Investoren viel mehr Erfahrung als du. Du wirst daher enorm von der Beratung und dem Netzwerk eines Investors profitieren. Es ist dennoch gut zu überlegen, was dir persönlich wichtig ist und wie viel Mitspracherecht du abgeben möchtest. Gerade wenn du im Team gründest, solltet ihr euch frühzeitig darüber Gedanken machen.

> „Ich finde es nicht richtig, wenn Start-ups schon über einen Exit sprechen, bevor sie überhaupt den ersten Umsatz gemacht haben." Oliver Stahl von Hofladen Express [3]

Zu den privaten Geldgebern gehören Business-Angels und Venture-Capital-Investoren (VC = Wagniskapitalgeber). Business-Angels sind meistens erfolgreiche Unternehmer, die dich auch als Mentoren unterstützen. Sie steigen tendenziell früher ein als VCs. Die Finanzierungssumme ist bei VCs dafür größer. Zusammenfassend lässt sich sagen: Wenn du noch am Anfang stehst, ist ein Business Angel der passendere Ansprechpartner. Beide Parteien, VCs und Business Angels, bieten dir Risikokapital an und setzen darauf, dass dein Unternehmen in der Zukunft deutlich an Wert gewinnt und somit auch ihre Anteile daran. Das bedeutet: Wenn du dir über diesen Weg Geld beschaffst, wirst du erstmal ein gesichertes Einkommen haben. Eine dritte Option ist Corporate-Venture-Capital (CVC). Dahinter stehen Unternehmen, die Kapitel in Start-ups stecken und neben Rendite auch Synergien für die eigenen Ziele erreichen möchten.

„Es gibt viele Start-ups, die sehr produktverliebt und beratungsresistent sind." Phil von SalesPatrol [4]

Wenn du einen Investor suchen möchtest, dann mache dir vorher Gedanken darüber, wer überhaupt in Frage kommt. Investoren sind oft auf Branchen oder Themen spezialisiert. Daher sollte dein potenzieller Investor auch in der Food-Branche aktiv sein, damit du von Synergien profitieren kannst. Solltest du dich für Kapital von Business Angels oder VCs entscheiden, ist es von Vorteil, offen für ihre Vorschläge und Kritik zu sein.

„Ich suche coole Produkte, die aktuelle Trends bedienen." Business Angel Oliver Stahl [3]

Oliver Stahl hat mit seinem Lieferdienst einen erfolgreichen Exit geschafft und investiert jetzt in Food-Start-ups. Er unterstützt hauptsächlich in sehr frühen Phasen bei strategischen Themen. Seine Tickethöhe liegt bei 25.000 bis 50.000 Euro, womit er ein bis fünf Prozent Anteile an deinem Start-up halten möchte. Wenn du noch in einer sehr frühen Phase bist und dir finanzielle Mittel fehlen, ist er ein guter Ansprechpartner. Zum Zeitpunkt des Einstiegs gilt: Je früher, desto besser – und es muss noch kein Umsatz vorhanden sein. Am liebsten arbeitet er mit Gründerteams von zwei bis drei Personen zusammen, aber auch mit Einzelgründern. Den Kontakt stelle ich auf Anfrage gerne her.

Wenn du Produkte entwickelst, die bei der Ernährung der Weltbevölkerung helfen sollen wie z. B. alternative Proteine und du einen erhöhten Finanzierungsbedarf hast, ist Frank Cordesmeyer von GoodSeed-Ventures ein möglicher Ansprechpartner. Sein Bruder betreibt eine innovative Mühle mit langjähriger Erfahrung, dadurch bringen sie Know-how in Technologie, Supply-Chain, Qualitätsmanagement und

Wachstum mit. Er investiert Pre-Seed bis Series A mit einer Tickethöhe ab 150.000 €. Was diese Phasen im Einzelnen bedeuten, erfährst du in Abschn. 10.7. Zur Teamgröße sagte Frank Cordesmeyer, dass ein Team aus zwei bis drei Personen gut funktioniert und ab vier Personen zu groß wird. Einzelgründer sind nur möglich, wenn Kompetenzen dazugekauft werden. [5]

Wenn du nicht nur einen strategischen Investor suchst, sondern auch deine persönliche Weiterbildung einen hohen Stellenwert einnimmt, ist Ingo Dahm von Capacura ein guter Ansprechpartner. Der minimale Ticketwert liegt bei 100.000 €.

Für Food-Start-ups, die bewusst „alte" Brands herausfordern wollen oder im Bereich gesunde und bessere Ernährung innovieren, sind Square-One-Foods passende Ansprechpartner. Sie unterstützen Lebensmittel- und Getränke Start-ups im B2C-Segment. Finanzierungstickets von mindestens 150.000 € bis zu 300.000 € sind dort möglich. Sie bieten drei Säulen an:

- Connection zum Handel
- Consultants und Mentoren
- Kontakte zu Anschlussfinanzierungen. [2]

Auch Michael von Square-One-Foods empfindet vier Personen im Gründerteam als zu viel und empfiehlt eine Teamgröße von zwei bis drei Personen.

Ingo Dahm empfiehlt generell, bei der Investorensuche darauf zu achten, ab welcher Tickethöhe ein VC einsteigt. Es macht keinen Sinn, einen VC, der Tickets ab 300.000 € zeichnet, für 30.000 € anzufragen.

Es empfiehlt sich auch, mit mehreren Investoren in Kontakt zu kommen. Daraus ergibt sich, dass Fundraising als Kompetenz im Team sehr hilfreich ist. Wenn du abgelehnt wirst, versuche, noch eine Empfehlung bei einem anderen Investor zu bekommen. Antworte dem Investor, dass du verstanden hast, dass dein Produkt nicht in sein Portfolio passt und frage ihn, ob er vielleicht eine kurze Empfehlung zu anderen Angels oder Multiplikatoren wie z. B. Hochschulen oder anderen Gründern machen könnte.

Zur Kontaktanbahnung gibt es unterschiedliche Meinungen. Michael Goblirsch hat viele seiner Invests auf Messen oder Märkten kennengerlernt. In Zeiten von Corona möchte er einfach eine Mail mit dem Pitch-Deck geschickt bekommen. [6]

Frank Cordesmeyer möchte keine direkten Anfragen, sondern eine Empfehlung aus seinem Netzwerk.

Ingo Dahm kannst du vor dem Zusenden deines Pitch-Decks bereits Samples schicken. Wenn du ihm dann dein Pitch-Deck geschickt hast, kannst du ein paar Tage später versuchen, ihn telefonisch zu erreichen. Teile deinem Wunschinvestor unbedingt mit, warum gerade er dein Trauminvestor ist. Du hast z. B. vorab bereits mit Gründern aus seinem Portfolio gesprochen (das muss natürlich der Realität entsprechen), denen er im Bereich XY geholfen hat, und in diesem Bereich erhoffst auch du dir Hilfe. Wie hoch der Anteil des Investors am Unternehmen wird, ist natürlich von der Höhe des Investments und deiner Verhandlungskunst abhängig. Ingo Dahm sagt dazu: „Der Fokus auf Prozentpunkte ist ein Kardinalfehler." In jeder Finanzierungsrunde sollten zehn bis 20 % Anteile reserviert sein – denn nach einer Finanzierungsrunde ist oft vor der nächsten Finanzierungsrunde.

Pitch Deck

Bevor du damit beginnst über eine Finanzierung nachzudenken, musst du dir darüber im Klaren sein, warum du das, was du tust, eigentlich tust. Simon Sinek benutzt dafür den Begriff des „Why" [7]. In Kap. 3 habe ich dir bereits das Konzept der Big five for Life und der Unternehmensvision vorgestellt. Wenn du dich damit auseinandergesetzt hast, kannst du dieses als Grundlage für dein Pitch Deck nutzen. Denn du pitchst kein Unternehmen, sondern dich und dein Why.

Pitch Deck präsentieren

In ein schriftlichen Pitch Deck, das meist in Form einer Präsentation dargestellt wird, gehören folgende Inhalte:

- Ein Hook – Was schafft Aufmerksamkeit gleich zu Beginn?
- Dein Warum
- Welches Kundenproblem du löst oder welches Bedürfnis dein Produkt befriedigt und warum es so wichtig ist

- Deine Lösung bzw. dein Produkt
- Magie: Was ist dein unfairer Vorteil? Was macht dein Produkt so besonders im Gegensatz zum Wettbewerb?
- Wie sieht dein Geschäftsmodell aus? Wie willst du Geld verdienen? (inkl. Marktgröße)
- Kundengewinnung: Wie generierst du Neukunden? Was kostet dich jeder Neukunde? Wie kannst du skalieren?
- Wie positionierst du dich ausgehend von den Kundenbedürfnissen gegen den Wettbewerb?
- Wer ist im Team und warum seid ihr die Richtigen?
- Wie ist die Gesellschaftsform?
- Wo steht ihr aktuell (Zahlen, deine KPIs aus der Balanced Scorecard) und wie sind die Entwicklungen?
- Call to Action: Was willst du vom Leser/Zuhörer? Was bist du bereit, dafür zu geben?

In den Anhang des Pitch Decks gehört ein Executive Summary, eine Beschreibung deines Geschäftsmodells. Ebenfalls sollte ein Cap-Table im Anhang sein. Dieser gibt Aufschluss darüber, wer welchen Anteil am Unternehmen hält. Bis zur ersten Finanzierungsrunde ist das nur das Gründer-Team. Aber auch dort werden eventuell unterschiedliche Anteile vorhanden sein.

Insa Horsch von der Open Kitchen in Hamburg gibt außerdem noch folgende Tipps für ein Pitch Deck sowie den live Pitch:

Tipps für den Live-Pitch
- zeige Enthusiasmus (das geht auch als introvertierter Mensch)
- schreibe „talking headlines": z. B. nicht „Finanzen", sondern „unser Break Even nach 1,5 Jahren"
- jeder im Team sollte den Teil des Pitches vortragen, der seiner Kernkompetenz entspricht
- Es ist nicht tragisch, wenn du auf Fragen nicht sofort die Antwort parat hast. Gib deinem Gegenüber die Rückmeldung, dass du es gerade nicht weißt und die Information nachreichst.
- Sei auf mögliche Fragen vorbereitet zu: Bewertung, Teamstruktur, Produktion, Rezepturentwicklung, Patenten. [8]

Als letztes gibt sie noch den Tipp zu bedenken, dass dein Produkt im LEH immer ein anderes ersetzt. Daher solltest du wissen, wieviel Stück du pro Woche pro Markt verkaufen kannst bzw. willst. Aber: Wenn bei deinem Produkt die Marge höher ist, kann es sich trotzdem für den Händler rentieren. Rechne dem Händler das einfach vor, wenn es der Fall ist und du dieses Argument einsetzen möchtest.

Pitch Decks – die drei häufigsten Fehler
Wolf Michael Nietzer, Mitgründer der Food Angels Germany, hat mir die drei häufigsten Fehler in Pitch-Decks mitgeteilt. An erster Stelle fehlt meistens eine detaillierte Marktanalyse. Dazu gehört auch zu wissen, wer in Zukunft zur Konkurrenz werden kann. Eine fehlende Business-Plan-Kompetenz steht an zweiter Stelle. Er nennt es gerne „know your numbers". Erstelle eine Finanzplanung für die ersten zwei bis drei Jahre, die ein gewisses Ambitionsniveau erkennen lassen. Außerdem eine GuV (Gewinn- und Verlustrechnung) am Produkt, die erkennen lässt, dass du die Produktkalkulation verstehst und keinen Preis ansetzt, der völlig marktfremd ist. Des Weiteren ist auszuloten, ob ein Lieferantenfactoring genutzt werden kann, um ausreichend working capital für die Skalierung zur Verfügung zu haben.

Und zu guter Letzt braucht es einen klaren Vertriebsfokus: Welchen Weg willst du gehen, um die liquiden Mittel zu fokussieren? [1]

Kernelemente des Beteiligungsvertrags
Wenn du dich für eine Beteiligung von Business Angels oder VCs entscheidest, wird ein Beteiligungsvertrag erstellt. Diesen solltest du von einem Anwalt prüfen lassen.

Die Kernelemente eines Beteiligungsvertrags möchte ich kurz anreißen:

- **Vesting**: Dem Gründerteam werden meistens etwa vier Jahre auferlegt, in denen sie bei Verlassen des Unternehmens Anteile daran verlieren. So sichern sich die Investoren ab, da in frühen Phasen der Erfolg vom Gründerteam abhängt. [9]

- Der nächste Punkt ist die **Liquidationspräferenz**: Bei einem Exit sichert diese den Return der Investoren. Dabei ist zwischen anrechenbaren und nicht anrechenbaren Präferenzen zu unterscheiden. Bei einer anrechenbaren Liquidationspräferenz bekommt der Investor die Summe seiner Einlage zurück. Dadurch sichert er sich gegen das Szenario eines Verkaufs unter Wert ab. Es kann aber auch ein höherer Betrag vereinbart werden, indem das Investment zuzüglich Zinsen angerechnet wird. [10]
- Bei der nicht anrechenbaren Präferenz hingegen erfolgt die Verteilung des Resterlöses ohne Anrechnung des Vorabbetrages, den die Investoren bereits erhalten haben. Diese Regelung ist nachteilig für den Gründer und vorteilhaft für den Investor. [11]
- Bei der **Drag-Along-Vereinbarung** (Mitverkaufspflicht) geht es darum, dass Investoren einen Exit herbeiführen können und du diesen als Gründer unter Umständen nicht blockieren kannst. Diese Möglichkeit ist für Investoren von entscheidender Bedeutung.
- Des Weiteren werden Investoren einen **Verwässerungsschutz** fordern. Damit stellen sie sicher, dass ihre Anteile im Falle künftiger negativer Entwicklungen der Unternehmensbewertung nicht unter den Ursprungswert fallen. [12]
- Oftmals möchten Investoren **Veto-Rechte** bei wesentlichen Entscheidungen sowie Gesellschafterauskunftsrechte und Informationspflichten. Des Weiteren wollen Investoren nur für ihre Anteile bürgen, d. h., es werden lediglich anteilsbezogene Bürgschaften der Investoren bei weiteren Finanzierungsrunden gegeben.
- Sie werden auch ein **Wettbewerbsverbot** vereinbaren für den Zeitraum ihrer Beteiligung.
- Wenn virtuelle **Optionsprogramme** (visual Shares, virtuelle Mitarbeiterbeteiligungsprogramme) aufgelegt werden, möchten Investoren natürlich dadurch nicht benachteiligt werden. Dies wird oftmals ebenfalls im Vertrag festgehalten.
- Manche Investoren möchten außerdem „**Advisory Shares**" für „Smart Money". Dabei geht es um Beratungsleistungen, die die Investoren für dein Unternehmen leisten. Dafür bekommen sie dann zusätzliche Vorkaufsrechte für Anteile. [9]

10.1 Crowdfunding-Kampagnen

Eine weitere Möglichkeit bietet Crowdfunding. Besonders bei Food-Start-ups ist dieser Weg der Finanzierung sehr beliebt, denn er vereint gleich mehrere Komponenten. Beim Crowdfunding (z. B. auf Startnext) können deine potenziellen Kunden „Pakete" zu festgelegten Preisen erwerben und erhalten dafür, bei erfolgreicher Finanzierung der Kampagne, den Inhalt des erworbenen Pakets. Meistens werden die Pakete mit Produkten, Gutscheinen oder Erweiterungsprodukten bestückt. Für deine Kampagne legst du ein oder mehrere Investitionsvolumina fest, die du erreichen möchtest. Wenn die Kampagne erfolgreich finanziert wurde, bekommst du die Auszahlung von der Plattform. Die Unterstützer erhalten den Inhalt ihrer Pakete erst zu einem festgelegten Zeitpunkt in der Zukunft. Das führt dazu, dass du bereits Liquidität z. B. für deine Produktion oder dein Marketing bekommst, du die Produkte aber erst später produzieren und verschicken musst. Wenn du jedoch dein Kampagnenziel nicht erreichst, werden die Einlagen der Käufer nicht an dich ausbezahlt. Die Anbieter der Kampagnen (wie z. B. Startnext) erhalten eine prozentuale Provision. Neben der Liquidität bekommst du noch etwas weitaus Wichtigeres: Reichweite, Kunden und eine Zielgruppe. Du kannst damit Aufmerksamkeit generieren und die Kampagne direkt für Marketingzwecke nutzen.

Schritte der Crowdfunding Finanzierung
Eine Crowdfunding-Kampagne läuft in vier Schritten ab:

- Vorstellung
- Finanzierung
- Umsetzung
- Gegenleistung

„Über Crowdfunding schon mal anteasern und schauen, wie das eigene Produkt ankommt". Raphael Fellmer von SIRPLUS [13]

Vorstellung und Finanzierung
Im ersten Schritt stellst du der Crowd deine Idee vor. Dies geschieht über eine Plattform wie z. B. Startnext. Dazu legst du dein Finanzierungsziel fest, die Dauer der Kampagne, welche Gegenleistungen (Pakete) deine Unterstützer erwarten können und wie du dich repräsentierst. Erfahrungsgemäß sind Videos ein sehr gutes Medium zur Präsentation deiner Idee. Die Qualität deiner ersten Außendarstellung entscheidet über deinen Erfolg. Deshalb sollte alles, was du präsentierst (Bilder, Videos, Text), von guter Qualität und im besten Fall von Experten erstellt sein. Achtung: Hier können schnell hohe Kosten auf dich zukommen, wenn du Profis engagieren willst. Des Weiteren empfehle ich bereits ein CI (Corporate Identity) fertig zu haben, damit du dein Marketing darauf ausrichten kannst. Ein CI vom Designer kann ebenfalls schnell 2000 € Investition erfordern. Überprüfe daher dein Umfeld, ob dir jemand ein günstiges und trotzdem hochwertiges Design erstellen kann.

Eine eigene Community ist Grundvoraussetzung für den Erfolg. Du solltest also bereits vor der Kampagne Zusagen für Unterstützungen haben und auf Social Media eine Community aufbauen.

Bei der Finanzierungsphase ist es deine Aufgabe, viele Menschen von deiner Idee zu überzeugen und als Unterstützer zu gewinnen. Schließlich möchtest du eine erfolgreiche Kampagne entwickeln und danach durchstarten. Es ist wichtig, möglichst in den ersten Tagen gewisse Schwellenwerte zu erreichen, um weitere Investoren anzuziehen. Fange also am besten schon vor Beginn der Kampagne an, Unterstützer zu gewinnen.

Wenn du dein Finanzierungsziel erreichst, werden die Gelder der Crowd eingezogen und an dich ausgezahlt. Jetzt kannst du mit der verfügbaren Liquidität an die Umsetzung gehen. Je nachdem, wie weit fortgeschritten deine Produktentwicklung ist, kannst du jetzt auch die Unterstützer als Testprobanden für die Weiterentwicklung deiner Produkte nutzen. Dein Produkt sollte jedoch schon sehr gut sein. Schließlich möchtest du deine Unterstützer, die dir bereits mit finanziellen Mitteln geholfen haben, auch begeistern.

Umsetzung und Gegenleistung

Nach Abschluss der Finanzierung musst du deine versprochene Gegenleistung einlösen. Plane also bereits zu Beginn deiner Kampagne eine entsprechende Produktion, um deine Pakete zu füllen und deine Unterstützer glücklich zu machen. Wenn du eine erfolgreiche Kampagne geschafft hast, kannst du damit direkt auch einen „proof-of-concept" für weitere Investoren liefern.

Deine Kampagne (wie auch dein Geschäftsmodell) während der Laufzeit anzupassen, ist eine Grundvoraussetzung für den Erfolg. Denn während der Kampagne wirst du viel über deine Zielgruppen lernen. [14]

Martin Grellner von Djoon hat seine Kampagne bereits erfolgreich abgeschlossen. Im Food-Experten-Podcast hat er folgende Tipps gegeben:

Setze dir ein Kampagnenziel, bei dem du sagen kannst: „Wenn wir dieses Ziel nicht erreichen, ist es fraglich, ob wir eine ausreichend große Marktrelevanz haben." Djoon ist mit 15.000 € Zielsumme gestartet. Mit mindestens zwei Monaten Vorbereitungszeit solltest du rechnen. Der größte Kostenblock für eine Kampagne ist meist das Video. Das ist auch gleichzeitig das Wichtigste. Kalkuliere für ein professionelles Video 1500 bis 4000 € ein (nach oben keine Grenzen). Ein Tipp zum Videoinhalt: Stelle lieber ein kürzeres Video und zusätzliche Informationen einfach als Text in die Kampagne bei deinem Crowdfunding-Anbieter oder auf deine Webseite. Das Video hat erste Priorität und soll vor allem dazu dienen, Interesse zu wecken und Lust auf deine Produkte zu machen.

Zweite Priorität haben großartige Produktfotos. Hier kannst du mit 700 bis 1500 € pro Shooting-Tag vom Profi rechnen, doch Produktfotos brauchst du auf jeden Fall.

Eine Kampagnendauer von vier bis fünf Wochen sollte nicht überschritten werden. Einen starken Push gibt es immer am Anfang und am Ende einer Kampagne. Durch eine längere Kampagnendauer verlängert sich nur die Talfahrt in der Mitte.

Ein absoluter Erfolgsfaktor ist, bereits zu Beginn eine starke Community zu haben, die schon sehnsüchtig auf das Produkt wartet. Um die Kampagne zu unterstützen, plane Gewinnspiele, eine Zusammenarbeit mit Influencern, PR-Arbeit, Podcasts und Newsletter ein. Außerdem ist der Kampagnenstart zum Monatsbeginn sinnvoll, wenn die meisten Leute ihr Gehalt bekommen haben. [15]

10.2 Crowdinvesting

Beim Crowdinvesting investieren die Anleger über eine eigenkapitalähnliche Beteiligung in dein Projekt. Im Gegensatz zum Crowdfunding solltest du hierfür bereits gestartet sein. Du kannst diese Form der Finanzierung also als zweite Runde nach dem erfolgreichen Crowdfunding starten.

10.3 Bootstrapping

Beim Bootstrapping erfolgt die Finanzierung komplett aus eigener Kraft. Wenn du dich für diesen Weg entscheidest, gibt es einige Punkte zu beachten.

> „Economies of Scale sind heute anders zu interpretieren als noch vor 20 Jahren. Du kannst heute schon mit geringerer Menge in einen wirtschaftlich erfolgreichen Bereich kommen." Olaf Deininger [16]

Da deine Liquidität von deinen Einnahmen abhängt, wirst du zwangsläufig Investitionsentscheidungen länger überdenken. Generell solltest du dabei versuchen, deine Fixkosten so gering wie möglich zu halten. Bei diesem Weg gilt Vertriebskompetenz im Gründungsteam als absolute Notwendigkeit. Wenn Vertrieb nicht zu deinen Stärken gehört und du keinen Mitgründer dafür findest, empfehle ich dir, diesen Weg nicht einzuschlagen. Gerade am Anfang, wenn du dein Produkt und Geschäftsmodell noch entwickeln musst, ist Boostrapping ein risikoärmerer Weg. Etwas aus eigener Kraft zu schaffen stärkt dein Selbstbewusstsein und auch öffentliches Ansehen. Du bleibst dadurch unabhängig und lernst Entscheidungen zu treffen, da sich diese direkt im Portemonnaie auswirken. [17]

Die wichtigste Frage für die Entscheidung, ob Bootstrapping das Richtige für dich sein kann, ist: Wie schnell möchtest du wachsen? Je nachdem, wie dein Geschäftsmodell und die Konkurrenzsituation aussehen, kann es dir nämlich passieren, dass du von anderen überholt wirst, wenn du zu langsam wächst.

Wenn du ein eher sicherheitsbedürftiger Mensch bist, empfehle ich dir, erst einmal nebenberuflich zu starten. So kannst du noch deine Miete zahlen und trotzdem schon die ersten Schritte gehen.

Prüfe zuerst, wie viele Reserven du hast und wie viel du zusammenbekommen kannst. Hast du Dinge, die du nicht brauchst und verkaufen kannst? Besitzt du eine Kreditkarte? Über Kreditkarten kannst du dir im Notfall sehr leicht Liquidität (kurzfristige Verbindlichkeiten) holen. Dabei ist jedoch die hohe Zinslast zu beachten. [18]

Solltest du nebenberuflich gründen, musst du nicht so schnell damit beginnen, Geld zu verdienen. Das führt dazu, dass du mehr Zeit für die sorgfältige Konzeptarbeit hast.

Du wirst aufgrund deines geringeren Kapitals weniger teure Experten anstellen oder bezahlen können.

10.4 Fremdkapital

Wenn du vor 20 Jahren gegründet hättest, wäre der Weg zur Bank unumgänglich gewesen. Die Option, deine Idee durch einen Bankkredit zu finanzieren, besteht auch heute noch. Dazu sprichst du deinen Bankberater an und präsentierst ihm deinen Business-Plan. Für das Erstellen des Plans kannst du dein erarbeitetes Canvas-Modell als Grundlage nutzen. Den Bankkredit inklusive Zinsen zahlst du dann über Jahre oder Jahrzehnte an deine Bank zurück.

Fremdkapital kannst du von der „Crowd" ebenfalls einsammeln. Jegliche Personen aus der Gesellschaft können dir Mikrokredite zu einem bestimmten Zinssatz gewähren. [19]

10.5 Genussrechte

Hinter diesem Begriff steht eine von der Gemeinschaft getragene Finanzierung. Diese sorgt ähnlich dem Crowdfunding für eine engere Bindung zwischen Kunden und Betrieb. Dieses Konzept der Finanzierung ist besonders in der Direktvermarktung von landwirtschaftlichen Betrieben beliebt. Aber auch Markthallen wie die Hobenköök in Hamburg nutzen diesen Weg.

Zielgruppe von Genussrechten sind Personen, die mit ihrer Geldanlage regionale Lebensmittelproduzenten unterstützen möchten.

Bei dieser Variante gilt ebenfalls die Devise: Gut geplante und zielgerichtete Kommunikation ist erforderlich. Eine Kommunikationskampagne sollte vorher gut durchdacht und geplant sein. Auch Infomaterialien wie Flyer, eine Infoveranstaltung vor Ort sowie das Einbinden der regionalen Presse kann helfen.

> **Kommunikationskampagne**
> Darin sollte den potenziellen Unterstützern genau erklärt werden:
>
> - Warum sollten sie das Vorhaben unterstützen?
> - Wie erfolgt die Beteiligung?
> - Welche Einlagenhöhe ist mindestens und maximal möglich?
> - Was haben die Unterstützer davon?

In der Praxis dauert es nach Start der Kampagne etwa eine Woche bis zwei Monate, bis die Gelder eingesammelt sind. Laut Gesetzgeber beträgt die Zeichnungsfrist ein Jahr. Die Unterstützer bekommen für ihre Einlage dann Gutscheine sowie Zinsen auf die Höhe der Einlage. Diese werden jährlich ausgezahlt – in Form von Gutscheinen, der Zinsbescheinigung und/oder Naturalien. Das Einlösen der Gutscheine muss dann, wie bei allen Gutscheinen, gut dokumentiert werden. Sollte das Finanzierungsziel nicht erreicht werden, können Banken die Differenz übernehmen. Das Geld sollte zweckgebunden verwendet werden. Wenn du eine Kampagne für die Einrichtung deines regionalen Ladens erstellst, sollte das Geld auch wirklich zu 100 Prozent in die Einrichtung fließen. Käufer eines Genussrechts sind dadurch Anteilseigner ohne Mitspracherecht.

Die eingesammelte Summe wird von der Bank wie Eigenkapital gewertet. Die Tilgung erfolgt erst bei Kündigung. Dadurch wird deine Liquidität geschont. Die Unterstützer sind am Gewinn oder an den Verlusten beteiligt (es handelt sich für sie also um Risikokapital), aber nicht an den Entscheidungen im Betrieb. Der Inhaber eines Genussrechts tritt im Falle einer Insolvenz als Gläubiger hinter allen anderen Gläubigern zurück (Rangrücktritt).

Die Mindesthöhe der Einlage bei landwirtschaftlichen Betrieben liegt meist bei 500 bis 1000 €. Der Aufwand ist zu hoch, um Genussrechte unter 500 € aufzugeben. Die Mindestlaufzeit beträgt meist fünf bis sieben Jahre. Ein weiterer Anreiz, um Unterstützer zu finden, können zusätzliche Rabatte für Genussrechteinhaber sein. [20]

Weitere Informationen findest du unter www.genussrechte.org.

10.6 Finanzierungsmodelle mit Bürgerbeteiligung

„Der Bio-Sektor ist für Finanzierungsmodelle mit Bürgerbeteiligung besonders interessant, denn hier lässt sich der Wunsch vieler Menschen nach einem stärkeren Bezug zur Herkunft ihrer Lebensmittel verwirklichen." [21]

Einige dieser Finanzierungsmodelle habe ich bereits vorgestellt: Crowdfunding und Genussrechte. Eine gute Übersicht für diese Art der Finanzierung findest du auf: https://www.biofinanz.info.

10.7 Zeitpunkte der Finanzierung

Frühfinanzierung: Die erste Phase kann mit deinem eigenen Geld, durch Familie und Freunde oder durch Business-Angels finanziert werden. Des Weiteren gibt es staatliche Förderprogramme wie das EXIST-Gründerstipendium. Hier sind Beträge von 10.000 € bis 100.000 € üblich.

Series Seed oder Seed-Finanzierung: Das ist die erste Finanzierungsrunde. Hier investieren Risikokapitalgeber zwischen 50.000 € und 500.000 €. Da in dieser Phase das Risiko noch sehr hoch ist, ist diese für die Kapitalgeber auch die risikoreichste.

Series A: Dies beschreibt die erste große Finanzierungsrunde, die zur Skalierung beitragen soll. Daran anschließend kann es weitere geben (B/C/D). Die Kapitaleinlagen können hier sehr groß sein, das hängt von dem Unternehmen ab. Ab Series C übersteigen die Investitionssummen meistens 3 Mio. €. [22]

10.8 Fördermittel

Je nach Bundesland variieren die möglichen Fördermittel, dennoch hier eine Übersicht über die grundlegenden Förderungenmöglichkeiten.

10.8.1 Beratungsförderung

Gerade am Anfang ist es hilfreich, wenn du einen erfahrenen Berater an der Seite hast, der dich beim Erstellen deines Geschäftsmodells unterstützt. Die Beratungskosten können staatlich subventioniert werden, sodass du nur einen kleinen Teil der Kosten selbst trägst. Eine Anlaufstelle, um dies für dein Bundesland zu prüfen, sind die Industrie- und Handelskammern oder die Bafa (Bundesamt für Wirtschaft und Ausfuhrkontrolle).

10.8.2 Geförderte Kredite

Die KfW-Bank bietet zinsgünstige Kredite für Gründer. Die Bank bietet außerdem tilgungsfreie Anfangsjahre und ist somit attraktiver als die Hausbank. Weitere Informationen findest du bei der KfW direkt.

10.8.3 Gründungszuschuss

Den Gründungszuschuss kannst du erhalten, wenn du aus der Arbeitslosigkeit heraus gründest. Dabei erhältst du über einen längeren Zeitraum einen staatlichen Zuschuss, der dir etwas Liquidität bereitstellt und rückzahlungsfrei ist. [23]

10.8.4 Invest-Zuschuss für Wagniskapitel

Dieses Förderprogramm soll private Investoren zur Bereitstellung von Kapital ermutigen. Das Bundesamt für Wirtschaft und Ausfuhrkontrolle (Bafa) erstattet 20 % der investierten Summe zurück. Um daran teilzunehmen muss ein Antrag bei der Bafa gestellt werden.

10.8.5 Exist-Programm

Das EXIST-Gründerstipendium unterstützt Studierende und Absolventen von Hochschulen. Für maximal ein Jahr erhältst du monatlich bis zu 2500 € pro Gründer (max. drei Personen) zur Sicherung des Lebensunterhalts, maximal 30.000 € für Sachausgaben und 5000 € für Coachingmaßnahmen. Wichtig: Du darfst noch nicht gegründet haben. Das Programm ist exklusiv für die Vorgründungsphase. [24]

10.8.6 Mikromezzaninfonds

Diese Fonds sind vom Staat eingerichtet und sollen Klein- und Kleinstunternehmen stärken. Förderfähig sind folgende Gruppen:

- Unternehmen, die aus einer Arbeitslosigkeit heraus gegründet werden
- Unternehmen, die von Frauen oder Menschen mit Migrationshintergrund geführt werden
- Gewerblich orientierte Sozialunternehmen
- Umweltorientierte Unternehmen
- Unternehmen, die ausbilden
- Unternehmen im Heil- und Pflegebereich. [25]

Literatur

1. Gross T (2021) Interview mit Wolf Michael Nietzer, Titel: „Insights eines internationalen Investors: Interview mit Wolf Michael Nietzer", Veröffentlicht am 04.03.2021. https://grossfoodconsulting.libsyn.com/insights-eines-

internationalen-investors-interview-mit-wolf-michael-nietzer. Zugegriffen am 26.06.2021
2. Dahm I (2021) bei seinem Talk auf dem Food & Beverage Innovators Summit 2021. Zugang Online nur für Teilnehmer
3. Gross T (2021) Interview mit Oliver Stahl, Titel: „Interview mit Oliver Stahl von Hofladen Express", Veröffentlicht am 18.02.2021. https://grossfoodconsulting.libsyn.com/interview-mit-oliver-stahl-von-hofladen-express
4. Gross T (2021) Interview mit Phil Taube, Titel: „Phil von salesPatrol im Interview Teil 2", Veröffentlicht am 04.03.2021. https://grossfoodconsulting.libsyn.com/phil-von-salespatrol-im-interview-teil-2
5. Cordesmeyer F (2021) bei seinem Talk auf dem Food & Beverage Innovators Summit 2021. Zugang Online nur für Teilnehmer
6. Goblirsch M (2021) bei seinem Talk auf dem Food & Beverage Innovators Summit 2021. Zugang Online nur für Teilnehmer
7. Sinek S (2014) Frag immer erst Warum: Wie Top-Firmen und Führungskräfte zum Erfolg inspirieren. Redline, München
8. Horsch I (2021) bei ihrem Talk auf dem Food & Beverage Innovators Summit 2021. Zugang Online nur für Teilnehmer
9. Nietzer WM (2018) Investieren in den Food-Markt: Erfahrungen und Empfehlungen. In: Günther, Kirchhof (Hrsg) Angel Investing at its best: Leitfaden für Business Angels II. GoingPublic Media AG München
10. Till-Manuel Sauer (2016) Was Gründer beachten müssen, wenn ihr Startup verkauft wird. https://www.businessinsider.de/gruenderszene/allgemein/liquidationspraeferenzen-exit/. Zugegriffen am 06.06.2021
11. Raoul Müller Liquiditationsvorzüge. https://venture-capital.blog/liquidationsvorzuege-liquidation-preferences/. Zugegriffen am 06.06.2021
12. Raoul Müller Mitverkaufspflichten. https://venture-capital.blog/mitverkaufsplichten-drag-along/. VENTURE CAPITAL BLOG. Zugegriffen am 06.06.2021
13. Gross T (2021) Interview mit Raphael Fellmer Titel: „Raphael Fellmer von SirPlus im Interview", Veröffentlicht am 24.06.2020. https://grossfoodconsulting.libsyn.com/raphael-fellmer-von-sirplus-im-interview
14. Harms M. https://www.crowdfunding.de/. Zugegriffen am 06.06.2021
15. Gross T (2021) Interview mit Martin Grellner Titel: „Die Hürden der eigenen Produktion – die vierte Folge der Gründerreise von Djoon", Veröffentlicht am 16.05.2021. https://grossfoodconsulting.libsyn.com/erfolgreiches-crowdfunding-fr-food-start-ups-interview-mit-martin-grellner-von-djoon
16. Gross T (2021) Interview mit Hendirk Hasse und Olaf Deininger, Titel: „Digitalisierung in der Food Branche – Interview mit den Autoren von Food Code", Veröffentlicht am 25.05.2021. https://grossfoodconsulting.

libsyn.com/digitalisierung-in-der-food-branche-interview-mit-den-autoren-von-food-code
17. Warkentin N (2020) Bootstrapping: So funktioniert Gründen ohne Fremdkapital. https://karrierebibel.de/bootstrapping/. Zugegriffen am 06.06.2021
18. Oyediran J (2020) Just before you start that Food Business: the guide you need to Startup
19. Bender A (2021) Start-up-Finanzierung: Am Anfang stehen viele Fragen. https://www.deutschland-startet.de/start-up-finanzierung-anfang/. Zugegriffen am 06.06.2021
20. Heinemann U (2021) Mit Genuss Beziehungen schaffen. https://f3.de/food/mit-genuss-beziehungen-schaffen-1114.html?utm_campaign=start&utm_source=f3&utm_medium=referral. Zugegriffen am 06.06.2021
21. Schramek J (2020). https://www.biofinanz.info. Zugegriffen am 06.06.2021
22. Rüweling A (2020) Investment-Glossar: Begriffe, die ihr kennen solltet. https://f3.de/gruenderwerkstatt/investment-glossar-begriffe-die-ihr-kennen-solltet-679.html. Zugegriffen am 06.06.2021
23. Arbeitsagentur. https://www.arbeitsagentur.de/arbeitslosengeld/existenzgruendung-gruendungszuschuss. Zugegriffen am 06.06.2021
24. Deutschland startet. https://www.deutschland-startet.de/top-10-foerdermoeglichkeiten/. Zugegriffen am 06.06.2021
25. Investitions- und Förderbank Niedersachsen – Nbank. https://www.mikromezzaninfonds-deutschland.de/start.html. Zugegriffen am 06.06.2021

11

Positionierung in gesättigten Märkten: Marketing für den einen Apfel unter vielen

Zusammenfassung In der Marketing-Welt kursieren viele Buzzwords wie Branding, Sampling oder Customer-Experience. Das mag zu Beginn hoch komplex und abschreckend wirken, doch das folgende Beispiel zeigt, dass du dein Marketing durchaus selbst in die Hand nehmen kannst.
#personalisierung
Eine Mutter mit Kind geht zur Metzgerei ihres Vertrauens. Die Mutter wird persönlich begrüßt, da sie dort regelmäßig einkauft: „Guten Morgen Frau Müller"
#PerformanceMarketing #re-targeting
Der Verkäufer fragt: „Frau Müller, wie hat Ihnen letzte Woche die neue Rosmarin-Bratwurst geschmeckt?". Übrigens haben wir die Wurst diese Woche sogar im Angebot.
#cross-selling
Dazu empfehle ich die hausgemachte BBQ-Grillsauce.
#Sampling #reziprozität
Danach bietet der Verkäufer dem Kind ein Stück Fleischwurst an.
#Branding
Nachdem an der Kasse noch die Treuekarte gestempelt wurde, geht Frau Müller mit der gebrandeten Metzgerei-Tasche nach Hause.

So kompliziert ist Marketing also gar nicht. Dennoch ist eine gute Strategie zielführend und hilfreich. Deshalb liegt das Augenmerk dieses Kapitels auf diesem Thema.

In der Food-Branche bewegst du dich in einem gesättigten Markt. Konkret heißt das: Der Markt wächst insgesamt nur langsam, weil die Konsumenten-Bedürfnisse bereits weitgehend befriedigt sind. Dennoch existieren wachsende Nischen. Das bedeutet jedoch meistens eine Umverteilung unter den Anbietern und kein Wachstum des Gesamtmarktes.

Für die Positionierung deines Produkts ist es wichtig, den Markt zu verstehen. Du verdrängst sehr wahrscheinlich andere Mitbewerber in derselben oder einer ähnlichen Kategorie. Schließlich sind die wenigsten Produkte wirkliche Innovationen, sondern meistens schon in irgendeiner Art im Markt vorhanden. Selbst wenn du eine wirkliche Innovation kreierst, verdrängst du Mitbewerber, weil Kunden zugunsten deines Produkts etwas anderes nicht mehr kaufen.

> **Protein-Bier**
>
> JoyBräu hat als erstes Unternehmen ein funktionales Protein-Bier auf den Markt gebracht. Das führt aber nicht dazu, dass der Konsum von Getränken insgesamt steigt, sondern dazu, dass von anderen Getränken dafür weniger konsumiert wird, beispielsweise weniger normales Bier oder weniger Proteinshakes. [1]

Alexander Osterwalder, der Vater des Business Modells Canvas, unterscheidet zwischen „pain reliever" und „gain achiever". In Abschn. 4.2 wurde dies bereits beschrieben.

- Welches Problem löst dein Produkt und/oder welches Bedürfnis befriedigt es?
- Welches negative Gefühl wird durch dein Produkt verringert?

Kunden-Personas

Wenn du dir über diese beiden Fragen im Klaren bist, empfehle ich dir, Zielgruppen-Personas zu erstellen. Denn auf die passenden Personas kannst du deine gesamte Marketing-Strategie ausrichten und deine späteren Mitarbeiter oder externen Angestellten schnell aufgleisen.

Das Thema Kunden-Persona erstellen kann ein eigenes Buch füllen, deshalb an dieser Stelle nur ein paar grundlegende Informationen dazu: Ein Persona ist eine erfundene Person, die deine Zielgruppe repräsentiert. Dies können auch mehrerer Personas sein. Diese „virtuelle Person" sprichst du dann zielgerichtet in deiner Kommunikation an. In Abschn. 4.2 „Geschäftsmodell-Entwicklung" konntest du bereits einiges zu Personas lesen.

Entwickle Personas, die auf dein Produkt passen und an denen du dein Marketing ausrichten kannst. Eine gute Methode zum Erstellen von Personas ist Brainstorming. Schnapp dir ein paar Freunde, Bekannte oder potenzielle Testkunden und evaluiere mit ihnen, welche Personas sie sich vorstellen würden. Daraus kannst du dann eigene Personas kreieren.

Wenn du weißt, an wen und mit wem du kommunizierst, gilt es, das „wo" und „was" zu überlegen.

Wann merken sich Menschen Markenbotschaften? Das Zauberwort ist Emotion [2]. Menschen kaufen aus emotionalen Gründen und rationalisieren diese im Nachgang.

Da es heute sehr einfach ist, ins Online-Marketing einzusteigen und potenzielle Kunden zielgerichteter anzusprechen, ist es meistens sinnvoll, dieses dem analogen Print-Marketing vorzuziehen. Wenn du dich zusätzlich für analoges Marketing begeisterst, denke daran, beide Welten konsistent zu bespielen.

„the nu-company" schaffte es, viel Reichweite mit Provokation aufzubauen. Sie haben eine Bewegung gegen etablierte Konzerne geschaffen. Das gelang ihnen mit gegen Konzerne und Politik gerichtete Challenger Videos, dem Einbeziehen der Community und Storytelling. Im Gegensatz zu vielen anderen Food-Brands nutzen sie weniger Rezept-Posts und dafür mehr Storytelling gemäß dem Motto: Unser Produkt als Mittel zur nachhaltigen Transformation der Gesellschaft.

Außerdem beziehen sie ihre Community mithilfe von Umfragen in die Produktentwicklung mit ein, bei denen sie abfragen, welche Geschmacksrichtungen die Kunden wollen. [3]

„Wir nehmen die Menschen mit auf eine Reise: Wir machen kombiniertes Storytelling aus unserer Story und der unserer Weine." Eva Vollmer vom Weingut Vollmer [4]

Bei jeglicher Kommunikation solltest du ebenfalls nicht vergessen: „people listen to people" und daraus folgernd „Menschen kaufen von Menschen".

> **Welche emotionalen Trigger kannst du ansprechen?**
> - Trigger über Identität: Regionalität
> - Reinheit: Wenig Zutaten (Unschuld, Harmlosigkeit)
> - Authentisch: non-processed
> - Rebellion: Trotz, Mittelfinger an die Industrie
> - Purpose: Was tut die Marke für die Gesellschaft (Nachhaltigkeit, soziale Gerechtigkeit)
> - Verpackung: beispielsweise plastikfrei
> - Produktinnovation: beispielsweise Clean Meat aus Pilzen [5]

Damit hast du einen Ansatz für das „wie" und das „wo". Das „wann" kann ebenfalls hilfreich sein.

Sebastian Heinz von Food Boom erzählte in seinem Talk, wann sie ihren Kunden welche Themen kommunizieren. Wenn der Kunde am Wochenende auf der Couch sitzt und mit dem Tablet surft, kannst du andere Dinge ansprechen, als wenn er morgens gestresst aus dem Haus geht. [2]

Bedenke deshalb in deiner Content-Strategie auch Tag und Uhrzeit.

11.1 Marktforschung: Wie groß ist der Apfelmarkt?

Zu Beginn solltest du dich auf deine Region fokussieren und dort die Situation analysieren. Ein bundesweiter Produktlaunch kann später folgen. Dennoch ist es hilfreich, bereits zu Beginn auch bundesweit zu prüfen, welche Konkurrenzprodukte am Markt vorhanden sind. [6]

Besuche alle Läden in deiner Region und sieh dir Konkurrenzprodukte an. Notiere dir alle Infos dazu, die du findest (Preis, Verpackungsdesign, Positionierung der Marke, nationale/regionale Marke und welches Produkt du kaufen würdest). Vergleiche auch die Preiskategorien in deiner Nische. Meistens gibt es eine günstige Eigenmarke, einen Marktführer und dazwischen noch alternative Marken mit Zusatznutzen.

Nimm dir unbedingt ausreichend Zeit dafür. Du wirst keine guten Ergebnisse erzielen, wenn du die Marktforschung im Rahmen deines Wocheneinkaufes durchführst.

Frage einen Angestellten, was seine beliebtesten Marken in deiner Nische sind. Hat der Mitarbeiter selbst schon einige davon probiert?

Kaufe ein paar von diesen Konkurrenzprodukten und probiere sie aus. Online kannst du gut nach Konkurrenzprodukten suchen, am besten mit folgenden Angaben:

- Dein Produkt + Deine Region
- Dein Produkt
- Dein Produkt + sonstige Merkmale (bio, glutenfrei etc.) [6]

11.2 Konsumentenforschung: Wer will meine Äpfel essen?

„Wenn ein Produkt free-from ist, aber nicht schmeckt, wieso soll man es dann essen?" Anna Gliemer von Gleem [7]

Es wurde bereits mehrfach erwähnt, dass es aus mehreren Gründen sinnvoll ist, die Zielgruppe so früh wie möglich einzubinden. In diesem Abschnitt bekommst du einige Hinweise und Empfehlungen, die dir bei deinen Zielgruppenbefragungen und Verkostungen helfen.

1. Es empfiehlt sich, mehrere Methoden zu verwenden
Bevor du dein erstes Produkt für eine Verkostung fertig hast, kannst du mit Fragebögen starten. Darin kannst du zu Beginn eruieren, ob es überhaupt Interesse an deinem Produkt gibt. Weiterhin ist es gut, das persönliche Gespräch (auch online möglich) zu suchen und Interviews durchzuführen. Je nach zeitlichen Kapazitäten, versteht sich. Wenn du acht Stunden jeden Tag mit Konsumentenforschung beschäftigt bist, wirst du nicht ans Ziel kommen. Anhand eurer Team-Größe ist es aber wichtig, ausreichend Ressourcen dafür einzuplanen. Alternativ kannst du diese auch als Dienstleistung kaufen. Das wird aber teuer. [8]

2. Die Kahnemann-Methode
Daniel Kahnemann ist ein berühmter Forscher und Autor und hat sogar einen Nobelpreis gewonnen. In seinem Buch „schnelles denken, langsames denken" unterscheidet er zwei Systeme: System 1 und System 2.

In System 1 befinden sich Menschen im autonomen Modus und müssen nicht über das nachdenken, was sie gerade tun. Das ist zum Beispiel beim Autofahren der Fall. In System 2 müssen sie sich konzentrieren, beispielsweise bei Rechenaufgaben.
Was können wir daraus ableiten?
Beim Einkaufen im Supermarkt ist dein Kunde in System 2. Bei einem Fragebogen ist er ebenfalls eher in System 2. Um System 2 anzusprechen, kannst du also beispielsweise mehrere Varianten deines Produktes anbieten und die Tester fragen, welches sie präferieren, anstatt nur Feedback für eine Variante abzufragen. [9]

3. Interview
Im Interview geben Menschen tendenziell wohlwollendere Antworten (soziales Miteinander) als im anonymen Fragebogen. Eine Frage, um dem etwas entgegenzuwirken, könnte sein: „Wie würdest du den Ge-

schmack verbessern, wenn du das Produkt an deine Eltern verschenken würdest?".

4. Framing-Effekt
Damit ist gemeint, dass unterschiedliche Formulierungen einer Botschaft (z. B. bei einer Frage im Fragebogen) bei gleichem Inhalt zu unterschiedlichen Ergebnissen führen. Die Aussage „8 von 10 Teilnehmern gewinnen" wird anders wahrgenommen als „20 % der Teilnehmer verlieren ihren Einsatz".

Um dem zu begegnen, kannst du die inhaltlich gleichen Fragen anders formuliert und an anderer Stelle im Fragenbogen unterbringen.

5. Verfügbarkeits-Bias
Wenn du nach etwas fragst, was dem Befragten kognitiv nicht präsent ist, kann es passieren, dass du Antworten bekommst, von denen du nicht weißt, ob es wirklich Antworten auf deine Fragen sind. Deshalb solltest du, wenn du nach einer präferierten Variante deines Produktes fragst oder dein Produkt gegenüber Konkurrenzprodukten testest, die Produkte auch verkosten lassen oder zumindest Bilder davon zeigen.

6. Zugriffs-Illusion
Die Befragten können in der Regel nicht alle Erinnerungen abrufen und konstruieren daher Antworten, die sie nicht präsent haben. Benutze daher eine einfache und zugängliche Sprache, die jeder versteht. [10]

7. Anker-Effekt
Der Mensch neigt dazu, sich bei Entscheidungen stark von Umgebungsinformationen beeinflussen zu lassen. Wenn du jemanden erst nach seiner Kontonummer und anschließend nach einem Preis fragst, wirst du zwei unterschiedliche Ergebnisse bekommen. Wenn die Kontonummer mit 89 endet, wird der Preis höher ausfallen, als wenn die Kontonummer mit 11 endet. [11]

8. Allgemeines

Generell solltest du den Teilnehmern immer wieder kommunizieren, dass sie ehrlich sein dürfen und sein sollen.

Nutze gerade Zahlen in Fragebögen und umgehe damit die Tendenz zur Mitte. Im Online-Shop dagegen kannst du die Tendenz zur Mitte zu deinem Vorteil nutzen. Dies wirst du sicherlich schon festgestellt haben, wenn es um eine Auswahl von drei Paketen geht: Die meisten kaufen das Mittlere.

„In frühen Phasen, wo es darum geht Fehler zu finden, reicht es, mit fünf Personen zu beginnen." [8]

Verkostungen im Handel oder auf Messen ergeben keine relevanten Daten. Wenn du Daten bekommen willst, mit denen du arbeiten kannst, musst ein Panel veranstalten oder es den Testern nach Hause schicken.

„Sobald das Produkt nicht mehr nur an Freunde und Familie geht, muss eine professionelle Küche genutzt werden." [12] Christian Dieckmann von Nuso

Wenn du mit deinem Produkt in die Konsumentenforschung gehst, musst du dir eine Produktionsküche suchen. Für erste Tests empfehle ich dir, bei einem Restaurant in deiner Nähe anzufragen. Wenn du in eine mietbare Küche wie KitchenTown in Berlin in der Nähe hast, kannst du auch dort anfragen.

„Wenn ich die Menschen gefragt hätte, was sie wollen, hätten sie gesagt: schnellere Pferde." Henry Ford

Ein letzter Tipp: Frag die Kunden nicht, was sie wollen. Entwickle Experimente, um es herauszufinden. [13]

11.3 Den Preis kalkulieren

Den richtigen Preis für ein Produkt zu finden, ist immer schwierig. Besonders am Anfang, wenn du noch nicht auf vorhandene Daten zurückgreifen kannst. Wenn du anfängst zu skalieren und dich vielleicht sogar zu einem Lohnproduzenten begibst, wirst du andere Rohstoffpreise haben als am Anfang. Dennoch solltest du dein Produkt mit deinen vorhandenen Rohstoffpreisen durchkalkulieren und mit deiner Konkurrenz vergleichen. Aber: Miss dich niemals mit den Großen. [14]

Wenn du einen neuen Schokoriegel entwickelst, wirst du niemals den Verkaufspreis von beispielsweise Milka erreichen können. Dennoch ist es wichtig zu verstehen, wo dein Preisniveau liegt, und dieses auch entsprechend kommunikativ zu unterstützen. Dein Preis ist höher, weil du hochwertige Manufakturprodukte herstellst, eine besonders nachhaltige Papierverpackung benutzt, drei Cent pro Artikel spendest, einen Baum pro Artikel pflanzt, tolle Influencer dein Produkt promoten.

Kalkulation Schritt-für-Schritt
- Schritt 1: Dividiere die gesamten Rohstoffkosten durch die Anzahl der Endprodukte (=Materialkosten)
- Schritt 2: Kosten pro Inhaltsstoff pro Verkaufseinheit (erhältst du in Schritt 1 pro Rezeptur 100 Stück, dann nimmst du jetzt die Kosten aller Inhaltsstoffe und teilst sie jeweils durch die 100 Stück) Im Ergebnis hast du dann die Rohstoffkosten pro Rohstoff pro Verkaufseinheit.
- Schritt 3: Rohstoffkosten pro Charge: Materialkosten pro Stück * Anzahl Endprodukte
- Schritt 4: Verpackungskosten pro Verkaufseinheit (alle Kosten, die für die Verpackung zusammenkommen, die Verpackung selbst, Aufkleber, Druck etc.)
- Schritt 5: Produktkosten pro Verkaufseinheit und pro Charge (Materialkosten + Verpackungskosten) [14]
- Du kannst dir eine Excel-Vorlage für deine Kalkulation dazu unter https://gross-foodconsulting.de/erfolgskonzepte-fuer-food-start-ups/bonus/herunterladen.
- Schritt 6: Personalkosten (wie viel Zeit pro Prozess benötigst du bzw. deine Mitarbeiter? Beispielsweise für Herstellung, Abfüllen, Logistik, Marketing etc.)

- kalkulatorisches Unternehmergehalt: Besonders am Anfang, wenn du alleine startest, kalkuliere unbedingt deinen Stundensatz auf dein Produkt. Sonst wird dir später die Marge fehlen.
- Schritt 7: Frachtkosten für die Rohware. Wenn du für 2.000 € Mehl einkaufst, kommen für gewöhnlich noch Frachtkosten hinzu, die du ebenfalls berücksichtigen musst. [6]
- Weitere mögliche Kosten: Zahlungsanbieter (% pro Verkauf), Vertriebskosten intern oder extern
- Wenn du über einen Lohnproduzenten gehst, wirst du die Lohnkosten pro Verkaufseinheit von ihm bekommen.
- Ist der LEH dein Vertriebsziel, sind unbedingt Rückvergütungen einzukalkulieren.

11.4 Die Marge berechnen

Wir gehen von Produktkosten in Höhe von 1,48 € aus und berechnen anhand dieses Betrags beispielhaft die Marge (COGS, Marge/Verkaufspreis x 100 = Brutto-Marge in %).

So verändert sich dein Verkaufspreis mit den folgenden Margen bei Herstellungskosten von 1,48 €:

- 40 %-Marge: 2,47 €
- 50 %-Marge: 2,96 €
- 60 %-Marge: 3,70 €

Das ist der Preis, den ein Händler (beispielsweise Rewe) pro Produkt bezahlen muss, wenn er direkt bei dir einkauft.

Distributoren (Großhandel) möchten ebenfalls eine Marge, sagen wir 30 %.

- Das ergibt bei einer 50 %-Marge zuzüglich einer 30 %-Marge für einen Distributoren einen Einkaufspreis für den Handel von 4,23 €.
- Dann kommen noch Frachtkosten hinzu. Beispielsweise 200 € für 1000 Einheiten, das macht 0,2 pro Einheit.
- Des Weiteren verändert sich der Preis für den Distributor auf 3,16 € und mit einer 30 %-Marge für den Handel auf 4,51 €.

So kannst du auf eine unverbindliche Preisempfehlung von 4,59 € pro Stück kommen.
Nicht nur den Geschmack deines Produktes solltest du auf die Probe stellen, sondern auch die Preise. Entwickle Experimente, um die Preisbereitschaft deiner Konsumenten herauszufinden.

> **Kleiner Preishack**
> Abseits des Handels beispielsweise auf einem Markt, solltest du Ganzzahlen als Verkaufspreise benutzen und keine X,99 €. Das wird dir das Leben erleichtern. [14]

Bei alkoholischen Getränken reden wir von etwa 20 % Marge im LEH, ansonsten eher von 30 %.
Die Player im Handel wissen genau, welche Preise du wo aufrufst. Verpflichte dich also auf eine einheitliche Preisstrategie, wenn du mehrere Handelspartner angehst. [15]

11.5 Verpackung und Displays

„Der Großteil der Menschheit kauft das, worauf er Lust hat. Der Mensch ist ein Impulskäufer." (Verpackung ist das A und O) Phil von Sales-Patrol [16]

Menschen sind Impulskäufer. Wann hast du das letzte Mal nur das gekauft, was auf deinem Einkaufszettel stand? Ich persönlich vermutlich nie. Davon ableitend ergibt sich, wie wichtig eine gute Verpackung ist – denn sie soll zum Kauf anregen. Verpackung muss nicht unbedingt fancy oder abgefahren sein, sondern sie muss in erster Linie funktionieren und ihren Job machen:

> **Faktoren für eine gute Verpackung**
> Eine gute Verpackung soll
>
> - Schnell und einfach erklären, worum es beim Inhalt geht
> - Vertrauen zum Produkt/zur Marke schaffen

- Die besonderen Vorteile des Produkts hervorheben
- Den Kunden überzeugen
- Die Herkunft des Produkts/der Inhaltsstoffe transparent machen
- Neugier wecken
- ein bestehendes Verlangen ansprechen/bewusst machen

Logos

Die Online-Drogerie Koro schaffte es sogar, mit einer sehr einfachen Verpackung ihre Großpackungen zu vermarkten. Koro macht mittlerweile 20 Millionen Euro Umsatz und expandiert europaweit.

Ein aktueller Trend sind Logos, die nur etwa zu 90 % auf der Verpackung zu sehen sind (siehe beispielsweise Kellog's, Bahlsen, Corny u. a.). Das erzeugt Aufmerksamkeit, Sichtbarkeit im Regal und vor allem hilft es im E-Commerce. Der Platz auf einem Handy-Bildschirm ist sehr beschränkt, aber auch dort soll die Marke natürlich wahrgenommen werden.

Diese Art Auftritt habe ich noch bei keinem Start-up wahrgenommen, sondern nur von bekannten Marken. Doch dieser Auftritt vermittelt Wertigkeit und Überlegenheit. Wieso nicht mal als Food-Start-up ausprobieren?

Displays

Manche Produkte sind gut im Regal platziert, andere bringt man besser in speziellen Displays unter. Ein typisches Beispiel hierfür sind Postkarten. Die speziellen Displays für Postkarten eignen sich deutlich besser, um diese zu präsentieren. Stell dir mal, vor die Postkarten würden einfach stapelweise im Regal liegen … Ein weiterer Vorteil ist, die Kunden müssen nicht jede Karte anfassen und so werden weniger Fingerabdrücke darauf hinterlassen.

Für Food-Start-ups empfiehlt sich das Arbeiten mit Displays (eigenen Aufstellern), da so die Wahrscheinlichkeit steigt, im LEH eine Listung zu bekommen: „Regale im LEH sind nicht dehnbar." [6] Die Regalflächen sind rar und wenn du ins LEH-Regal willst, wird ein anderes Produkt weichen müssen. Deshalb empfehle ich, mit Displays zu starten, auch wenn dies ein zusätzliches Investment ist. Displays sind Verbrauchsmaterial, wenn sie abverkauft sind, kommen sie in den Müll.

Verpackungs-Sourcing
Wenn du zum ersten Mal nach Verpackungen suchst, lass dir verschiedene Angebote und Muster von diversen Anbietern schicken und vergleiche sie sorgfältig. Achte dabei unbedingt auf Mindestabnahme-Mengen! Denn gerade zu Beginn willst du nicht tausende Euros in gelagerte Verpackungen investieren. Gemeinsam statt einsam: Such dir andere Hersteller und kauft gemeinsam größere Mengen, damit könnt ihr Geld sparen.

Du kannst dich nicht für ein Design entscheiden? Frag deine Community (Community-Building). [6]
Beispiele für richtig gute Verpackungen findest du hier: www.grossfoodconsulting.de/buch/bonus

11.6 Firmierung: Wie soll der Apfel heißen?

Falls du bereits einen Namen für deine Firma und deine Produkte gefunden hast, kannst du diesen Abschnitt guten Gewissens überspringen.

Einen guten und merk-würdigen Namen zu wählen ist wichtig, aber auch schwierig. Menschen sollen sich deinen Firmennamen gut und leicht merken können, also sollte er möglichst simpel auszusprechen sein. Du kannst auch deinen Namen oder Familiennamen verwenden oder integrieren. Genauso können eine geografische Angabe oder deine Heimatstadt bzw. -region im Namen erscheinen (Beispiel: Kentucky Fried Chicken).

Wenn du einen längeren Namen wählst, kannst du auch mit Akronymen arbeiten (wieder am Beispiel von Kentucky Fried Chicken = KFC, Haselnusstafel = Hanuta)

Tipps zur Namensfindung

Beschreibe/nenne/integriere deinen

- Service: beispielsweise Patisserie für Hochzeiten GmbH, salesPatrol,
  - Vorteil: Potenziellen Kunden ist sofort klar, was du anbietest
  - Nachteil: Schlecht zu merken
- Food Typ: beispielsweise Naughty Nuts, Bohnikat, eatPlants, TryFoods
  - Vorteil: Klare Differenzierung, in welchem Bereich du arbeitest, aber etwas breiter gehalten. Du bekommst keine Anfragen für Dinge, die du nicht anbietest.
  - Nachteil: Wenn du später entscheidest, dich breiter aufzustellen, passt der Name eventuell nicht mehr.
- Dein Name: beispielsweise Tobias Gross UG, Gross Food Consulting
  - Vorteil: Menschen erkennen deine Marke und verbinden deine Person damit. Du baust damit eine Personenmarke auf.
  - Nachteil: Kunden verstehen eventuell nicht, welche Produkte/Dienstleistungen du anbietest. Wenn du auf einen Exit zusteuerst, wird es schwierig, die Marke zu verkaufen.
- Qualität deines Produkts: beispielsweise Gleem Naturpatisserie, beetgold, Wein- und Essig-Manufaktur Kaltenthaler
  - Vorteil: Die potenziellen Kunden assoziieren bereits deine Markenwerte mit dem Namen.
  - Nachteil: Grenzt dich eventuell zu stark in eine Nische ein.
- Geografische Region: beispielsweise Balsamico aus Modena, Berliner Kindl
  - Vorteil: Mit Regionen können bestimmte Werte assoziiert werden, die sich auf das Produkt übertragen lassen, z. B. besondere Qualität
  - Nachteil: Möglicherweise kennen nicht alle potenziellen Kunden die angesprochene Region

Bei der Entscheidung deines Markennamens (der nicht gleichzusetzen mit deiner Firma ist) kannst du wie folgt vorgehen: Notiere dir deine Ideen über einen längeren Zeitraum. Mir hilft es oft, mit einer Fragestellung im Kopf spazieren zu gehen. Überlege dir für alle vorstehend genannten Möglichkeiten ein paar Namen, unter Berücksichtigung deiner Vision. Damit meine ich: Wenn du eine Personenmarke werden willst, ist es natürlich sinnvoll, deinen Namen zu verwenden, aber wenn du einen Exit erreichen willst, ist es eher kontraproduktiv.

Dann stellst du dir folgende Fragen:

- Ist der Name kurz genug?
- Ist er einfach und logisch auszusprechen?
- Ist er merk-würdig?

Sprich die Namen unbedingt laut aus, dann merkst du schnell, ob sie sich gut anhören. Hol dir Feedback von deiner Community sowie Familie und Freunden. Suche im Internet nach dem Namen und prüfe, ob du dort bereits etwas findest bzw. ob er bereits vergeben ist.

Der Name sollte überall in deiner Außendarstellung auftauchen: auf den Rechnungen, in den Angeboten, in der E-Mail-Signatur, auf der Homepage, im Impressum, in Briefvorlagen, in Social Media Accounts etc. [17]

Wenn du dich für einen Namen entschieden hast, musst du zusätzlich zu deiner Online-Recherche unbedingt überprüfen, ob dieser noch verfügbar oder ob die Marke schon eingetragen ist. Dies kannst du beim DPMA prüfen. Du kannst den Namen auch extern prüfen lassen.

11.7 Online-Marketing

Für viele ist Online-Marketing ein Buch mit sieben Siegeln. Wenn du eine erfolgreiche Food-Brand aufbauen willst, ist es jedoch unumgänglich. Ich möchte das Thema nicht in aller Ausführlichkeit behandeln (dafür gibt es genug Literatur und Experten), aber ich möchte dir ein paar hilfreiche Tipps mitgeben.

Je nachdem, wer deine Zielgruppe ist, sind für mich die folgenden Plattformen am relevantesten:

- TikTok
- LinkedIN
- Instagram

Sicher gibt es noch andere Plattformen, die du nutzen kannst, ich kann dir an dieser Stelle nur meine Meinung dazu mitgeben.

TikTok ist für die junge Zielgruppe relevant. CookieBros schaffte es, sich über TikTok eine Community aufzubauen und damit das eigene Produkt erfolgreich im Markt zu platzieren. Wenn deine Zielgruppe jünger als 20 Jahre ist, dann kann TikTok eine gute Plattform für dich sein.

Im B2B Bereich ist **LinkedIn** weiterhin stark am Wachsen und besonders spannend. Wenn du deine Produkte auch an Geschäftskunden vermarktest, kannst du dort beginnen, deine Marke aufzubauen.
Instagram ist für jedes Food-Brand ein „must-have". Wenn deine Marke nicht auf Instagram auftaucht, ist das so ähnlich, als würde deine Marke nicht bei Google gefunden.
Im Food-Bereich solltest du dich auf jeden Fall auf Bilder und Videos fokussieren und weniger auf Text. Essen muss anregend aussehen und zum Verzehr einladen. Definiertes Ziel deiner Online-Aktivitäten: **Community-Aufbau**. Das schaffst du durch Aufmerksamkeit für dein Produkt: Genauer gesagt durch Bilder, Videos und der richtigen Ansprache. Bringe deine Kunden dazu, dein Produkt zu wollen, indem du zeigst, wie leidenschaftlich du dahintersteht. [18]

Instagram-Hacks von Malte Steiert, dem Gründer von Food Guide
- Poste jeden Tag ein- bis dreimal in deinem Feed und deiner Story.
- Schreibe Direktnachrichten, um den Algorithmus zu füttern.
- Es gibt nur eine akzeptierte Bildqualität: Foodporn.
- Qualität ist subjektiv. Je nach Zielgruppe werden deine Inhalte anders wahrgenommen. Experimentiere und finde heraus, was bei deiner Zielgruppe gut ankommt.
- Wenn Menschen auf dem Bild sind, funktioniert Content besser. Dafür reicht schon eine Hand. Wenn du beispielsweise einen Burger fotografierst, kannst du dies aus der „first-viewer-perspektive" tun. Dadurch hat der Content-Konsumierende das Gefühl, selbst zu genießen. Übrigens: Schöne Frauenhände mit Nagellack funktionieren besonders gut.
- Landmarks im Hintergrund funktionieren ebenfalls sehr gut, beispielsweise der Hamburger Hafen, der Berliner Fernsehturm oder die Isar in München.
- Amsterdam gewinnt jedes Jahr den Contest für das am besten performante Bild – aus folgendem Grund: Auf den Bildern sind die Grachten zu sehen. Diese Bilder performen bis zu 500 % besser als andere.
- Nutze Food-Trends und bespiele deinen Kanal entsprechend. In meinem Podcast ist beispielsweise die Folge mit dem Thema „Beyond Plastic" ziemlich weit oben geranked.
- Ermutige User-generated-Content: Animiere deine Community zum reposten und dazu, dich in den Bildern zu taggen. Das sorgt für zusätzliche Reichweite. [19]

SEO (=Search Engine Optimizing bzw. Suchmaschinenoptimierung) ist ebenfalls relevant, um bei Google und Co. gut auffindbar zu sein. Eine detaillierte Erläuterung würde hier aber den Rahmen sprengen. Ich kann dir dennoch sehr empfehlen, dich intensiv damit auseinanderzusetzen. Spätestens, wenn du deine Homepage aufsetzt, wirst du es brauchen. Alternativ gilt wie immer: Du kannst auch Experten dafür bezahlen.

Für welche Plattformen du dich auch entscheidest, das Wichtigste ist, anzufangen, auszuprobieren und zu lernen, wie die Zielgruppe angesprochen werden möchte. Noch ein kleiner Tipp: Du kannst das Facebook-Creator-Studio nutzen, um Inhalte vorzuplanen.

11.8 Marketing-Hacks

Eine Marketing-Maßnahme, die ebenfalls sehr gut funktioniert, ist das **Verteilen von Rezeptbroschüren**: Eine Art kleine faltbare Flyer, die zu jeder Bestellung (online als PDF) oder an in Displays kostenlos dazugegeben werden und zum Nachkochen der Rezepte anregen. Auf diesen Broschüren kannst du auch einen CTA (Call-to-action) anbringen, der zum Teilen auf Social-Media animiert (User-Generated-Content). [2]

Für zusätzliche Reichweite kannst du andere Food-Start-ups oder passende Kooperationspartner suchen und **Flyer-Tausch** anbieten. Das bedeutet, dass du die Flyer deines Kooperationspartners mit in deinen Bestellversand gibst und der Kooperationspartner im Gegenzug deine Flyer auch seinen Versendungen hinzufügt. Dein Kooperationspartner sollte möglichst mehr Reichweite haben als du.

Außerdem solltest du unbedingt **Gutscheine** anbieten! Menschen lieben Gutscheine. Du bekommst Cashflow, ohne dass du direkt Ware produzieren musst. Das ist auch eine Art zinsfreies Darlehen. Die ausgegebenen Gutscheine im Überblick zu behalten ist allerdings wichtig, auch was das Verfallsdatum angeht. Du kannst Gutscheine auch mit Rabattaktionen kombinieren, beispielsweise „Kaufe einen 100-€ -Gutschein und erhalte einen Gutscheinwert von 120 €".

11.9 Markteintritts-Strategien

Nach monatelanger Vorbereitung ist es endlich so weit: Du launchst dein Produkt! Für diesen Tag solltest du alles mobilisieren, um möglichst viel Reichweite zu erhalten: Influencer, Freunde und Familie, alle, die du sonst noch kennst, Medien, Blogs, Podcasts (beispielsweise im Food-Experten-Podcast + Newsletter), Live-Shows in den Social Media, beispielsweise als Kochveranstaltung, sowie lokale und überregionale Zeitungen.

Gestalte den Launch so, dass die Menschen sich daran erinnern werden. Sei merk-würdig und einzigartig. [17]

Den Markteintritt deines Produkts solltest du gut planen. Mit Markteintritt meine ich nicht den ersten Kontakt mit deiner Zielgruppe, sondern den Zeitpunkt, an dem dein Produkt fertig entwickelt ist und du damit breit in den Markt gehen willst. Es gibt verschiedenste Wege und Ansätze, um den Markteintritt zu planen.

> **Verschiedene Wege zum Markteintritt**
> Online deine Marke aufbauen
>
> → regionale Märkte offline → Crowdfunding → LEH-Eintritt
> → Crowdfunding → LEH-Eintritt
> → Crowdfunding → eigener Online-Shop → zusätzliche e-Commerce Partner
> → Top-Down-LEH mit Displays

Du merkst: Ich empfehle, online zu starten. Die Vorteile sind unbestreitbar; du kannst kostenlos damit starten, einen Account beispielsweise auf Instagram aufzubauen. Damit hast du direkten Zugang zur potenziellen Zielgruppe und kannst anfangen, dir eine Community aufzubauen.

Die oben skizzierten Wege kannst du auch anpassen und anders gestalten, je nachdem, wie es zu deinem Business passt.

Ein guter Zeitpunkt für deinen Aufbau einer Online-Präsenz ist, sobald du dein MVP entwickelt hast und Logo sowie Homepage stehen. Als Homepage reicht schon eine kleine Landing-Page, aber mindestens damit solltest du präsent sein. Ebenfalls wäre es gut, wenn dann bereits ein erstes Logo vorhanden ist. Dann kannst du dein Profil mit diesen Bausteinen füllen.

Die folgende Markteintritts-Strategie kommt von Eloy Gut, dem Gründer von Collide Beverages, die im zweiten Quartal 2021 in den Markt gingen. Das Team hat einen funktionellen Drink entwickelt und ging damit deutschlandweit direkt in die Drogeriemärkte (Top-Down-LEH mit Displays).

> **Beispiel Collide Beverages: Wie haben sie es gemacht?**
> 1. Sie haben vier Influencer mit ordentlich Reichweite angeworben. Diese werden variabel vergütet, dadurch halten sie die Fixkosten für das Marketing am Anfang unten.
> 2. Sie gehen direkt in Drogeriemärkte mit zentralem Einkauf. Dadurch benötigen sie keinen Außendienst.
> 3. Die Produkte werden auf Displays gelauncht. Über das Display kann die Marke sehr gut repräsentiert werden.
> 4. Sie setzen von Anfang an auf schlanke Prozesse: Sie haben ein ERP (Enterpreise-Ressource-Planning-Software) im Einsatz mit Schnittstelle zu einem Logistiker, der eine Fulfilment-Lösung (B2B, D2C) hat mit entsprechend hoher Automatisierung. Dadurch können sie sich voll auf ihr Produkt und das Marketing konzentrieren.
> 5. Sie planen Preis-Aktionen, um direkt zum Launch möglichst viel Aufmerksamkeit und damit Absatzzahlen zu generieren.

Das ist eine eher aggressive Eintrittsstrategie, die sicherlich gut funktionieren kann. Ein weiterer guter Tipp kommt von den Gründern der Marke Ankerkraut.

> **Tipp der Ankerkraut-Gründer**
> Vor großen Aktionen wie TV-Werbung und anderen breiten Werbeaktionen unbedingt allen Anbietern Bescheid geben: PayPal, Mail Provider, Hosting – um dem zu erwartenden hohen Ansturm gerecht zu werden.

Wie in Abschn. 11.5 erläutert, solltest du im LEH zu Beginn mit Displays arbeiten, da dies den Einstieg leichter macht. Für den Markteintritt empfiehlt es sich, gemeinsam mit dem Händler Ziele für die Abverkaufszahlen zu definieren. Fordere vom Händler, dass du bei Zielerreichung eine feste Listung bekommst. Mach es dir so einfach wie möglich und suche dir Fulfilment-Partner für deine Display-Logistik. Displays werden auf kleinen blauen Paletten aufgebaut, davon passen vier Stück auf eine Euro-Palette. Achte bei den Displays neben den Marketingaspekten auch auf Stabilität für die Logistik. Damit sich der Einstieg bei einem Fulfilment-Partner lohnt, solltest du mit etwa 50 Displays starten. Beachte, das dies enormes Kapital bindet. Deine Message soll auf dem Display klar kommuniziert sein und einen Call-to-Action beinhalten. Den ersten Entwurf deines Displays kannst du auch gut mit einem Händler vor Ort besprechen und ins Sparring gehen. Eine ganzheitliche Kampagnen-Planung ist essenziell. Die Display-Promo ist nur ein Teil davon. Dein Online-Marketing muss diese ebenfalls unterstützen, beispielsweise mit Go-to-Store-Advertising. Dort, wo es möglichst ist, unterstützen du oder dein Team die Aktion vor Ort im Markt.

Literatur

1. Gross T (2021) Interview mit Tristan Brümmer, Titel: „Tristan Bruemmer von Joybraeu im Interview", Veröffentlicht am 21.01.2021. https://grossfoodconsulting.libsyn.com/tristan-bruemmer-von-joybraeu-im-interview. Zugegriffen am 07.07.2021
2. Heinz S (2021) bei seinem Talk auf dem Food & Beverage Innovators Summit 2021. Zugang Online nur für Teilnehmer
3. Fenner C (2021) bei seinem Talk auf dem Food & Beverage Innovators Summit 2021. Zugang Online nur für Teilnehmer
4. Gross T (2021) Interview mit Eva Vollmer, Titel: „Storytelling par excellence: Eva Vollmer vom gleichnamigen Weingut im Interview", Veröffentlicht am 20.05.2021. https://grossfoodconsulting.libsyn.com/storytelling-par-excellence-eva-vollmer-vom-gleichnamigen-weingut-im-interview
5. Küppers M (2021) bei seinem Talk auf dem Food & Beverage Innovators Summit 2021. Zugang Online nur für Teilnehmer
6. Adams M (2020) Food business secrets

7. Gross T (2021) Interview mit Anna Gliemer, Titel: „Anna – Grünerin der Naturpatisserie Gleem im Interview", Veröffentlicht am 28.01.2021. https://grossfoodconsulting.libsyn.com/anna-grnerin-der-naturpatisserie-gleem-im-interview
8. Reiter P (2021) bei seinem Talk auf dem Food & Beverage Innovators Summit 2021. Zugang Online nur für Teilnehmer
9. Kahnemann D (2011) Schnelles denken, langsames denken. Siedler, München
10. Wiedemann P (2016) Befragte sind auch nur Menschen: Warum Reden nicht immer nur Gold ist. http://www.wiedemannonline.com/blog/wp-content/materialien/ss13-forschungsmethoden/folien/LV04.1Befragungs-Biases.pdf. Zugegriffen am 08.06.2021
11. Mai J (2021) Anerkeffekt: Beispiele wie Sie den Denkfehler nutzen. https://karrierebibel.de/ankereffekt/. Zugegriffen am 08.06.2021
12. Gross T (2021) Interview mit Christian Dieckmann, Titel: „Produktion und Deklaration für Food-Start-ups: Christian Dieckmann von Nuso im Interview", Veröffentlicht am 17.06.2021. https://grossfoodconsulting.libsyn.com/produktion-und-deklaration-fr-food-start-ups-christian-dieckmann-von-nuso-im-interview
13. Ries E (2017) The startup way: how modern companies use entrepreneurial management to transform culture and drive long-term growth. Curreny, New York
14. Lewis J (2011) Starting a part-time food business: everything you need to know to turn your love for food into a successful business without necessarily quitting your day job. Rabbit Ranch Pub,
15. Fernando J (2021). https://www.investopedia.com/terms/c/cogs.asp. Zugegriffen am 07.06.2021
16. Gross T (2021) Interview mit Phil Taube, Titel: „Phil von salesPatrol im Interview Teil 2", Veröffentlicht am 04.03.2021. https://grossfoodconsulting.libsyn.com/phil-von-salespatrol-im-interview-teil-2
17. Caroline Bimbo Afolalu (2018) How to start a business: a guide to starting and growing a food business. Whitestone Books,
18. Oyediran J (2020) Just before you start that food business: the guide you need to startup
19. Gross T (2021) Interview mit Malte Steiert, Titel: „Content is King – Malte Steiert von Food Guide im Interview", Veröffentlicht am 10.06.2021. https://grossfoodconsulting.libsyn.com/content-is-king-malte-steiert-von-food-guide-im-interview

12

Pressearbeit

Zusammenfassung Pressearbeit ist oft ein völlig vernachlässigtes Thema. Gerade am Anfang bist du auf dein Produkt und deine Zielgruppe fokussiert, versuchst noch, dein Marketing aufzubauen und irgendwie noch Zeit für die Familie zu finden. Gute Presse-Arbeit kann deiner Marke jedoch einen starken Push geben und zu mehr Sichtbarkeit führen. Auch bei der PR-Arbeit kannst du die Dinge selbst in die Hand nehmen oder dir eine Agentur suchen. Wenn du noch keine Erfahrung hast, empfehle ich dir, mit einer Agentur zu starten. Wenn du es dennoch selbst in die Hand nehmen willst, findest du hier ein paar Handlungsempfehlungen.

Was Journalisten suchen
Sie suchen spannende Geschichten, die ihre Leser gerne kaufen. Wenn du also einen Journalisten anschreibst, sprichst du eigentlich seine Zielgruppe an. Was Journalisten nicht suchen, sind neue Produkte, sondern sie suchen die Geschichte(n) hinter dem Produkt. Finde deine Geschichte, schreibe authentisch über dich und warum du dein Produkt entwickelt hast. Konzentriere Dich dabei auf die wesentlichen Aspekte. Auch bei deiner PR-Arbeit lohnt es sich, auf Emotionen zu setzen. Fang mit deiner regionalen Presse an, um erste Erfahrungen zu sammeln. Such

dir Zeitungen und Medien, die auch zu deinem Produkt passen. Wenn du ein veganes Produkt entwickelst, wirst du damit besser keine Fleischerzeitschrift kontaktieren. In den jeweiligen Medien gibt es Ressortleiter, die du anschreiben kannst. Meistens steht in den entsprechenden Artikeln der Name des Journalisten, diesen kannst du dann per Mail kontaktieren. Passende Kategorien könnten beispielsweise „Kopf des Tages" oder gar eine Reportage sein. Katharina Wagner von Spoonful Food-Marketing verrät einige weitere Tipps für die Kontaktaufnahme mit Journalisten und Redaktionen:

Tipps von Katharina Wagner, Spoonful Food-Marketing
- In den Mailanhang gehört deine Pressemitteilung inklusive ansprechendem Bildmaterial von guter Qualität und Kontaktinformationen.
- Sende nicht ungefragt Samples in die Redaktion, sondern frage in deiner Mail nach, ob du welche schicken darfst.
- Gestalte die Betreffzeile spannend, deine USP oder deine Geschichte, die ein aktuell relevantes Thema treffen.
- Deine Pressemitteilung sollte maximal 1,5–2 Seiten umfassen.
- Fokussiere dich auf die wichtigsten ein bis drei Themen und schreib keinen Roman.
- Journalisten lieben Zahlen. Wenn du welche vorweisen kannst wie beispielsweise 300 % Umsatzwachstum im Zeitraum X, Social Media Reichweite oder einen Award, dann teile sie mit.
- Beschreibe deine Marke: Warum gibt es die Marke? was umfasst dein Sortiment?
- Wenn dir professionelle Fotografie zu teuer ist und du auch keine eigenen Bilder machen willst, kannst du dir überlegen, mit Food-Bloggern zusammenzuarbeiten und deren Bilder zu nutzen (Fotocredits nicht vergessen).
- Journalisten benötigen mindestens drei Monate Vorlaufzeit für die Veröffentlichung, plane das entsprechend ein.
- Nach der Veröffentlichung: Bedanke dich persönlich noch einmal und lobe die Arbeit bzw. den Artikel. Wer weiß, wofür der Pressekontakt in Zukunft noch gut sein wird. [1]

Einen Beispiel-Artikel von Djoon findest du auf www.gross-foodconsulting.de/buch/bonus

Literatur

1. Wagner K (2021) bei ihrem Talk auf dem Food & Beverage Innovators Summit 2021. Zugang Online nur für Teilnehmer

13

Produktion: Aus Äpfeln wird Apfelkuchen

Zusammenfassung Für das Herstellen deiner Produkte gibt es diverse Wege. Die ersten Versuche wirst du vermutlich zuhause machen, sobald die Produkte aber an Kunden gehen, musst du dir eine Produktionsstätte suchen, die den gesetzlichen Vorschriften entspricht. Diese Entscheidung ist abhängig von deinem Ziel, deiner aktuellen Größe, deinem Standort und deinen finanziellen Kapazitäten. Verschiedene Möglichkeiten und wichtige Regularien, die zu beachten sind, beschreibt dieses Kapitel.

„Essen muss gut schmecken. Es muss richtig krachen im Gesicht. Also Essen muss den Mund ficken. So ist unsere Marke entstanden." Martin von EsFck [1]

Für die Produktion wirst du an einem bestimmten Punkt grundsätzlich entscheiden müssen, ob du selbst oder bei einem Lohnproduzenten produzierst. Zu Beginn ist das erst einmal noch nicht relevant, es kann jedoch bereits Einfluss auf die Produktentwicklung haben. Denn bei einem Lohnproduzenten produzieren zu lassen wird deine Rezeptur auf den Prüfstand stellen und Anpassungen erfordern.

„90 % der Food-Start-ups lassen produzieren, weil dort sehr viel dranhängt." [2] Christan Dieckmann von Nuso

Einige maßgebliche Eckpfeiler für die Produktion möchte ich dir in diesem Kapitel mitgeben.

13.1 Equipment für deine erste Produktion

Je nach Produkttyp benötigst du unterschiedliches Equipment. Auf Holz, Plastik oder Glas sollte dabei verzichtet werden. Das ist aus hygienischen Gründen sowie wegen der Gefahr von Mikroteilchen im Endprodukt verboten. Empfehlenswert ist Edelstahl. Überleg dir genau, welches Equipment du für deine Prozessschritte benötigst, Sei es zum Wiegen, Mixen, Verpacken, pH-Wert- und Wasseraktivität-Messen, Zubereiten oder Lagern. Wenn du dich für gebrauchtes Equipment entscheidest, achte auf einen guten Zustand der Teile. Das Material muss leicht zu reinigen sein und darf nur ein minimales Risiko haben, Partikel in deinen Produkten zu hinterlassen. Eine weitere Möglichkeit, deine Liquidität zu schonen, ist, gewisse Maschinen zu leasen, je nachdem, was du benötigst.

Wichtig ist bei allen Geräten, diese regelmäßig zu warten und prüfen zu lassen inklusive der entsprechenden Dokumentation. Sollte irgendetwas passieren und du kannst keine Dokumentation der erfolgten Wartung/Prüfung nachweisen, platzt der Traum vom Food-Unicorn, bevor du überhaupt den ersten Kunden gewonnen hast. Wenn du bereits erste Mitarbeiter einstellst, und sei es auf 450-€-Basis, trainiere diese im Umgang mit allen Geräten (Stichwort Sicherheit) und besonders in der Dokumentation. Im Verlauf deiner Skalierung solltest du dich weiterhin laufend darüber informieren, welche neuen Technologien oder Geräte es gibt und ob du durch deren Einsatz deine Prozesse vielleicht optimieren kannst. [3]

Wenn du zum ersten Mal nach einer Produktionsstätte suchst, kannst du dafür Restaurants, Bäckereien oder Metzgereien anfragen. Mit etwas Glück bekommst du so die Möglichkeit, stundenweise dort zu produzieren und hast dadurch automatisch die rechtlichen Voraussetzungen für eine Produktionsstätte erfüllt (je nach Warengruppe versteht sich).

Wenn du nach einem eigenen Produktionsstandort suchst, gilt es einiges zu beachten: Die Räume müssen so gestaltet werden, dass sie möglichst schnell und einfach zu reinigen sind. Das bedeutet, dass alle Böden und Wände verfliest sein müssen, sodass Wasser gut ablaufen kann. Es dürfen sich keine gesundheitsgefährdenden Chemikalien (Reinigungsmittel) im demselben Raum befinden, in dem die Zubereitung stattfindet. Es muss eine gute Ventilation vorhanden sein, um Kondensation zu vermeiden. Die Ventilation ist regelmäßig von dir zu reinigen und zu warten. Es muss ein Trinkwasserzugang vorhanden sein. Es darf keine Eindringmöglichkeiten für Schädlinge geben. Es muss Umkleideräume und Toiletten geben und die Toiletten dürfen nicht direkt an die Produktion angrenzen. Handwaschbecken und Waschbecken, die für die Produktion genutzt werden, müssen getrennt vorhanden sein. Es muss ein adäquates Abflusssystem vorhanden sein. Je nachdem, für welches Geschäftsmodell du Produktionsräume suchst, gibt es zusätzliche Voraussetzungen. [3]

> **Fünf wichtige Dinge für die Produktion**
> Sobald du mit der Produktionsplanung startest, achte darauf, die folgenden fünf Dinge zu tracken:
>
> 1. Batch Code: Das ist eine eindeutige Chargennummer zur Rückverfolgbarkeit. Diese kann aus Zahlen und Buchstaben bestehen, solange die Rückverfolgbarkeit gewährleistet ist. Das kann beispielsweise das Datum sein.
> 2. Das MHD.
> 3. Die Produktionsmenge für Kalkulation und Rückverfolgung.
> 4. Temperatur: Muss im HACCP(Hygienekonzept)-Konzept erfasst werden.
> 5. ph und Wasser-Aktivität [4]

Auf (wer liefert was) kannst du nach allem suchen, was du brauchst. Denke außerdem an Rückstellproben für jede Charge. [4]

„Es ist hilfreich, zu Beginn der Produktentwicklung die richtigen Rohstoffe und keine Zutaten aus dem Supermarkt zu verwenden." Christian Dieckmann von Nuso [2]

Des Weiteren solltest du frühzeitig nach Rohstofflieferanten suchen. Der Qualitätsunterschied zu Zutaten aus dem Supermarkt kann gewaltig sein. Wenn du dies nicht tust, kann es dir passieren, dass dein Produkt später völlig anders geschmeckt, eine andere Konsistenz hat, einen anderen Geruch oder eine andere Farbe hat als ursprünglich erhofft.

13.2 Skalierung mit einem Lohnproduzenten

Schritt 1: Voraussetzungen
- Definiere eine akzeptable Mindestproduktionsmenge für dein Produkt
- Wo sollte der Lohnproduzent sitzen?
- Was für Maschinen muss er haben?
- Welche Verpackungsformen muss er abpacken können?
- Welche Zertifizierungen sind notwendig? (IFS, Bio?)
- Gibt es spezielle Produktionsbedingungen (glutenfrei, nussfrei, milchfrei)?

Schritt 2: Die Suche
- Nutze Ausstellerlisten von Messen und Kontakte anderer Start-ups.
- Frage direkt per Mail bei Firmen an, die entweder Lohnproduktion anbieten oder auch so für dich passen und sich eine Lohnproduktion vorstellen können.
- Akzeptiere kein schnelles Nein auf deine Mails. Rufe an und hake nach, warum deine Anfrage abgelehnt wurde und erkundige dich, ob es nicht doch Optionen gäbe.
- Wenn deine Anfrage dennoch abgelehnt wird: Frage, ob das Unternehmen dir andere geeignete Partner nennen kann.

Schritt 3: Kontaktaufnahme
- Schreibe eine Mail an potenzielle Lohnhersteller und beschreibe dein Produkt so genau wie möglich, ohne die Rezeptur zu verraten.
- Zu diesem Zeitpunkt solltest du deinen Prototypen und die Rohstofflieferanten dafür haben. Für den Lohnhersteller soll es sich möglichst einfach anfühlen.
- Frage nach der Mindestproduktionsmenge.
- Vermeide das Wort „Start-up". Viele Lohnproduzenten sind bereits gebrandmarkt von negativen Erfahrungen.
- Achte darauf, dass es leicht für ihn aussieht. Wenn der Lohnproduzent das Gefühl hat, dass es kompliziert wird, ist eher geneigt abzulehnen.
- Erwähne deine Erfolge. Wo bist du bereits gelistet und wo gibt es Interesse?
- Du kannst auch ein kleines Pitch-Deck mitschicken.

- Frage nach den Zertifizierungen des Lohnproduzenten, außer sie sind bereits auf der Webseite zu lesen.
- Wenn Interesse besteht, aber eine Rezeptur angefragt wird: Frag nach, ob du deinen Prototypen vor Ort vorstellen kannst.
- Wenn das Gespräch gut lief und du ein gutes Gefühl mit dem Produzenten hast, lass einen NDA unterzeichnen und besprich erst dann mit ihm die Rezeptur.

Schritt 4: Prototyp
- Zuerst wird getestet, ob deine Rezeptur auch unter Laborbedingungen funktioniert. Dort können bereits wichtige Erkenntnisse für die anschließende Pilotproduktion gewonnen werden, beispielsweise der pH-Wert/aw-Wert. Diese Werte kannst du oft nicht selbst testen, daher solltest du diese Analysen machen lassen, vor allem, wenn der Lohnhersteller manche Rohstoffe für die Maschinenfähigkeit ersetzen muss. Je nach Produkt und Rezeptur kann es erforderlich sein, Rohstoffe auszutauschen oder zusätzliche Stoffe hinzuzufügen, um dein Rezept auf Produktionsanlagen skalierbar produzieren zu können. Die Rezepturentwicklung für die Produktion auf den Anlagen eines Lohnproduzenten sollte in enger Abstimmung mit dem Start-up geschehen.

Schritt 5: Pilotproduktion
- Hierbei wird möglichst nahe am endgültigen Produktionsprozess eine Charge getestet.
- Dann beginnt das Finetuning an der Rezeptur, damit es auch auf der Maschine funktioniert. Je nach Komplexität deines Produktes kann dieser Schritt auch entfallen.

Schritt 6: Vertrag mit deinem neuen Lohnproduzenten
- Die Rezeptur ist nun auf die Maschine abgestimmt und alle Details sind fertig ausgearbeitet.
- Nun kannst du einen Vertrag mit dem Produzenten aufsetzen, indem die wichtigsten Dinge für die Zusammenarbeit festgehalten werden.

- Zahlungsbedingungen: Die erste Bestellung wirst du fast immer per Vorkasse zahlen müssen. Danach hast du Zahlungsziele von 14 bis 30 Tagen. Das ist letztlich immer Verhandlungssache. Auch einen Skonto kannst du versuchen auszuhandeln.
- Logistik: Es empfiehlt sich, dem Produzenten die Beauftragung einer Spedition zu überlassen. Diese haben oft Rahmenverträge und bekommen bessere Konditionen. Dennoch solltest du ein paar Angebote einholen, um sie mit seinem vergleichen zu können.
- Verpackung: Auch die Beschaffung des Verpackungsmaterials sollte im Vertrag festgehalten werden. Dabei musst du auch beachten, wie Umkartons gekennzeichnet werden. Meistens wird ein kleiner Sticker mit Produktbezeichnung, LOT-Nummer, Barcode, MHD, Stückzahl und ggf. Lagerbedingungen aufgeklebt.
- Füllmenge: Füllmenge und Toleranzen sollten ebenfalls vertraglich festgehalten werden. Schau dir dazu die Fertigpackungsverordnung an.
- Lieferzeiten: Im Vertrag sollte auch stehen, wie lange es von deiner Bestellung beim Lohnproduzenten bis zur Auslieferung dauert, auch unter Berücksichtigung etwaiger Rohstoffknappheiten.
- Preis: Hier ist eine Preisbindung von bis zu zwölf Monaten üblich. Versuche auch gleich, Preisstaffeln für unterschiedliche Mengen festzulegen. Damit stellst du sicher, dass Einsparungen des Lohnproduzenten bei größeren Abnahmemengen auch dir zugutekommen.
- Mitteilungspflichten: Nach jeder produzierten Charge solltest du ein Update zum Lagerbestand deiner Rohstoffe und Verpackungsmaterialien erhalten, es sei denn, du hast diese Tätigkeiten komplett abgegeben.
- Rohstoffe: Du solltest festlegen, welche Rohstoffen du von welchen Lieferanten möchtest, um deine Qualität zu gewährleisten.
- Mindesthaltbarkeitsdatum: Lege fest, wie lange die Ware haltbar ist.
- Laboranalytik: Wenn ihr am Rande von gesetzlichen Grenzwerten (beispielsweise Koffein) arbeitet, solltet ihr festlegen, wie oft Laboranalysen durchgeführt und von wem sie bezahlt werden. Welche sonstigen Grenzwerte sind einzuhalten (beispielsweise im Zusammenhang mit Health Claims)? [5]

Wenn alles gut läuft, findest du einen passenden Produzenten und deiner Skalierung steht nichts mehr im Wege. Jetzt ist es wichtig, ausreichend Rohstoffe und Verpackungen zur richtigen Zeit am richtigen Ort zu haben.

Literatur

1. Gross T (2020) Interview mit Martin und Darja Schneider Titel: „Martin & Darja von EsFck im Interview", Veröffentlicht am 16.04.2020. https://grossfoodconsulting.libsyn.com/martin-darja-von-esfck-im-interview. Zugegriffen am 07.08.2021
2. Gross T (2021) Interview mit Christian Dieckmann, Titel: „Produktion und Deklaration für Food-Start-ups: Christian Dieckmann von Nuso im Interview", Veröffentlicht am 17.06.2021. https://grossfoodconsulting.libsyn.com/produktion-und-deklaration-fr-food-start-ups-christian-dieckmann-von-nuso-im-interview
3. Caroline Bimbo Afolalu (2018) How to start a business: a guide to starting and growing a food business. Whitestone Books. Croydon England
4. Adams M (2020) Food business secrets. JPM Publishing, Austin Texas
5. Dieckmann C (2021) So findet ihr den optimalen Lohnproduzenten. Online verfügbar unter. https://foodinnovationcamp.de/wp-content/uploads/2021/03/FIC-Dossier_1.pdf. Zugegriffen am 08.06.2021

14

Vertrieb – Wohin mit den ganzen Äpfeln?

Zusammenfassung Eine der wichtigsten Kernkompetenzen für deinen Erfolg ist der Vertrieb. Ohne kaufende Kunden hast du keinen Umsatz und bist somit nicht existenzfähig. Im deutschen Lebensmittelsektor gibt es wenige große Player, die den Lebensmittelhandel bestimmen. Die wenigsten Food-Start-ups können am Anfang die Mengen liefern, die bei erfolgreicher Platzierung im Handel notwendig sind. Jedoch gibt es abseits dieser auch Alternativen, die besonders am Anfang deiner Reise spannend sind. Welche Vertriebswege es gibt, zu welchem Zeitpunkt sie sinnvoll sind und wie du es schaffst die verschiedenen Absatzwege zu erschließen, kannst du dir in diesem Kapitel anlesen.

„Ich kenne viele tolle Produzenten, aber oft fehlt ihnen die Zeit, sich mit dem Vertrieb zu beschäftigen." Christoph Jestädt von LieberSchorli [1]

Wenn dein Produkt fertig entwickelt ist, dein MVP mehrere Iterationen durchlaufen, dein Produkt eine solide Zielgruppe hat und auf die Bedürfnisse/Probleme der Kunden optimiert ist, dann ist es an der Zeit zu monetarisieren. Monetarisieren ist gleichzusetzen mit Vertrieb.

Auf der einen Seite meinen manche: „Du musst zum Verkäufer geboren sein", während andere der Ansicht sind, du kannst das Verkaufen erlernen. Meiner Meinung nach kann jeder verkaufen lernen und sollte sich die Basics dazu aneignen. Wenn du mit viel Herzblut deine Idee verwirklichst, wirst du diese automatisch besser verkaufen können als ein externer oder Angestellter. Zu Beginn deiner Vertriebsaktivitäten empfiehlt es sich, eigene Erfahrungen zu sammeln, bevor du Mitarbeiter oder Agenturen anstellst bzw. beauftragst. Dadurch lernst du die Bedürfnisse deiner Zwischenhändler besser kennen, bekommst ein besseres Gefühl für die Persönlichkeiten der Händler, weißt später die Arbeit deines Vertriebs wertzuschätzen und kannst mitreden, wenn es um den Vertrieb geht. Doch bevor du in diese „Schlacht" ziehst, solltest du dir eine Strategie zurechtlegen.

Fragen für die Vertriebs-Strategie
1. Wo willst du deine Produkte platzieren und zu welchem Zeitpunkt?
2. Welche Marge kannst du abgeben?
3. Wie ist die UVP (unverbindliche Preisempfehlung)?
4. Wer betreut die Bestände im Markt?
5. Wie können die Händler bei dir bestellen?
6. Wie hoch ist die Mindestbestellmenge? In welchen Gebinde-Einheiten muss/kann der Händler bestellen?
7. Was passiert mit abgelaufener Ware?
8. Wieso sollte ein Händler dein Produkt aufnehmen? Was bringst du mit? Was ist dein USP (Alleinstellungsmerkmal)? Wie ist deine Social-Media-Reichweite?
9. Wer ist deine Zielgruppe? Ist der Vertriebsweg der Richtige für deine Zielgruppe?
10. Welche Auswirkungen hat das auf deine Produktionskapazitäten und wie schnell willst du überhaupt wachsen?

„Als Start-up musst du immer Musterware zur Verfügung stellen." Phil von SalesPatrol [2]

Unabhängig vom Vertriebsweg wirst du Muster zur Verfügung stellen müssen. Wenn du Kaltakquise (s. u. Abschn. 14.1) machst und potenzielle Läden anfährst, denke daran, ausreichend Muster (sowie Flyer) mitzunehmen.

14 Vertrieb – Wohin mit den ganzen Äpfeln?

Wenn du Kühlware vertreibst, musst du dir außerdem entsprechend Gedanken über die Kühlung unterwegs machen. Generell wird die Logistik bei Kühlware wesentlich komplexer und dadurch teurer. Diesen wichtigen Aspekt solltest du zu Beginn deiner Produktentwicklung immer im Hinterkopf zu behalten.

Außerdem sollte deine Musterware in dem Zustand sein, indem du sie auch ins Regal stellst. Das heißt: Die Verpackung ist fertig gestaltet und du bringst deine Muster nicht in „Muttis Tupperware" mit.

Wenn du Online-Händler wie myEnso akquirieren möchtest, kannst du deine Muster auch per Post versenden. Denk dabei daran, dass das Paket wie ein kleines Geschenk ist. Achte also darauf, dass alles ordentlich verpackt ist. Ebenso kommt es auf Kleinigkeiten wie eine saubere Handschrift an. Eine persönliche Ansprache des Entscheiders/Kunden macht ebenfalls einen besseren Eindruck. Eine saubere Deklaration der Musterware, die den gesetzlichen Anforderungen entspricht, sollte selbstverständlich sein.

Bei der Neuakquise gilt es, eine persönliche Beziehung aufzubauen (Menschen kaufen von Menschen). Eine Beziehung aufzubauen ist ein langwieriger Prozess und kann durch Personalwechsel erschwert werden. Um eine Beziehung aufzubauen, ist ein persönlicher Kontakt wichtig, deshalb gilt in absteigender Reihenfolge die präferierte Akquise-Methode:

> Persönliches Kontaktgespräch – Telefonat – E-Mail.

Je persönlicher der Kontakt ist, desto besser. Eine Empfehlung ist ebenfalls sehr hilfreich. Wenn du dennoch Mails verfasst, nutze eine persönliche Empfehlung direkt in der Betreffzeile, z. B. „Auf Empfehlung von Tobias Gross". Wenn du keine Empfehlung hast, schreibe z. B. „Dattelpralinen von Djoon für Rewe Markus Müller". Alle Beschäftigten haben wenig Zeit, deshalb beginne eine Mail mit „um ihre Zeit zu schonen" und fasse dich kurz. Wichtig ist, passende Märkte für deine Zielgruppe zu finden.

Frage deine Community, wo sie gerne einkauft. Wenn du dann diese Märkte angehst, erwähnst du natürlich, dass deine Community gerne dort einkauft und sich über deine Produkte freuen würde. Beachte bei der Auswahl auch den Kundenstrom. Wenn jemand aus deiner Community gerne in einen Hofladen geht, der am Tag nur zehn Kunden hat, ist das wenig hilfreich. Je nach Produkt und Lage kannst du dir auch Läden mit vielen Touristen als Kunden suchen. Touristen bringen gerne Food-Produkte aus dem Urlaub mit nach Hause. Stelle dir eine Liste von potenziellen Läden und Märkten zusammen und fang an, zu akquirieren! [3]

„Positive Hartnäckigkeit zahlt sich letztlich aus."
Michael Goblirsch von Square One Foods [4]

Wenn du im persönlichen Gespräch direkt vor Ort oder per Telefon Händler für dich gewinnen möchtest, erfordert dies eine gute Vorbereitung. Bereite deshalb einen 30-sekündigen Pitch vor, den du perfekt auswendig kannst, der sich aber nicht auswendig anhört. Darin nennst du deinen Namen, deine Produkte, deinen USP und warum der Händler unbedingt dein Produkt braucht. Menschen lieben Komplimente. Lobe den Händler für seinen tollen Laden, seine Auswahl, seine netten Mitarbeiter oder was dir sonst noch so einfällt.

Auch hier gilt: „Know your numbers" [5]. Du hast dein Verkaufs-Sheet vorbereitet und dabei, wenn du vor Ort bist. In deinem Verkaufs-Sheet stehen alle für den Händler oder Einkäufer notwendigen Informationen:

> **Das gehört ins Verkaufs-Sheet/Sell-Sheet**
> - Kontakinformationen: Name, Adresse, Telefonnummer, Mail.
> - professionelles Produktfoto (beispielsweise ein volles Display, wie es im Laden stehen würde)
> - Produktlinie: alle Produkte aus deinem Sortiment mit ihren Kerneigenschaften, z. B. vegan, glutenfrei etc.
> - EAN: Der EAN- (= GTIN)Code zu den Produkten
> - Customer Testimonials: Stimmen von Kunden zu deinen Produkten
> - Großhändler: Wenn du über Großhändler vertreibst, nenne diese ebenfalls, auch deren Artikelnummer(n) für deine Produkte.
> - Details zur Bestellung: Minimalmenge, wenn Sorten gemischt werden; deine Gebinde-Einheit und die enthaltene Stückzahl.
> - Der Preis pro Gebindeeinheit, pro Stück und die unverbindliche Preisempfehlung,
>   – einmal für den Direkteinkauf bei dir und ggf. den Großhändlerpreis.
> - Wenn du Displays nutzt: Wieviel Gebinde- und Einzeleinheiten befinden sich auf einem Display?

14 Vertrieb – Wohin mit den ganzen Äpfeln?

- USP: Was zeichnet deine Produkte aus (End-)Kundensicht aus und unterscheidet sie vom Wettbewerb in der Warengruppe?
- Deine Story: Wenn du eine gute Story zu erzählen hast, kannst du diese ebenfalls integrieren.
- Es gibt auch die Möglichkeit, gebrauchte GTINs (EAN) zu kaufen, ich würde aber empfehlen, neue zu kaufen. Das geht direkt bei GS1. [3]

Wenn du Interesse wecken konntest, vereinbare einen Termin, an dem du wiederkommen darfst oder frage nach, bis wann sie entschieden haben und wann du nochmal anrufen darfst.

Weiterhin kannst du eine Visitenkarte mitnehmen, einen Promotion-Plan und eine Ranking-Liste deiner Produkte. Im Promotion-Plan kannst du aufführen, welche Aktionen du gerne planen würdest, ob du Verkostungen im Markt machst und ob du Preis- oder Mengenaktionen planen willst. Besonders bei deinem ersten Händlerbesuch kannst du mit risikofreier Ware als Joker punkten. [3]

Bereite dich außerdem auf folgende Fragen vor
- Machst du Verkostungen im Markt?
- Bist du offen für Aktionen (Preis/Menge)?
- Wo und wie kann deine Ware gekauft werden?
- Wo in der Region bist du noch gelistet?

Bei der Entscheidung, welche Vertriebswege für dich in Frage kommen, spielt auch das Thema Temperaturempfindlichkeit eine Rolle. Wenn du z. B. hochwertige Schokolade produzierst, könntest du dich dazu entscheiden, während der Sommermonate dein Produkt nicht zu versenden, da sonst die Qualität leidet.

Für den LEH benötigst du außerdem eine Produkthaftpflichtversicherung, eine Inverkehrbringer-Erlaubnis und am besten noch Zertifizierungen (IFS, GLK, BRC, bei Kleinbetrieben Audits je Warengruppe).

14.1 Der Lebensmitteleinzelhandel in Deutschland

Den größten Kuchen der Handelsumsätze teilen sich die „big five" in Deutschland (Reihenfolge nach Umsatz):

- Edeka (+Netto)
- Rewe (+Penny)
- Schwarz Gruppe (Kaufland und Lidl)
- Aldi
- Metro [6]

Die Kette „real" wurde 2021 verkauft und aufgeteilt. Das Bundeskartellamt hat im Dezember 2021 den Weg für die Zerschlagung freigegeben. Die Filialen werden unter Kaufland, Edeka und Globus aufgeteilt oder geschlossen. [7]

Im Bio-Segment sind die zwei größten Player Dennree (denn's Biomarkt) und Alnatura.

Allerdings gibt es viele weitere, die im Gesamtmarkt klein wirken, für ein neues Produkt jedoch groß genug sein können. [8]

„Bei Händlern mit Zentraleinkäufern geht der Vertrieb direkt an den Einkauf. Dabei musst du dir aber im Klaren sein: Du musst mit einem ordentlichen Werbekostenzuschuss, Freiware oder sonstige Benefits rechnen." [2] Phil von SalesPatrol

Vertrieb im zentralisierten LEH
Bei Konzernstrukturen wie Kaufland, Lidl oder Aldi musst du dich für eine Listung an die Zentraleinkäufer wenden. Bevor du diesen Schritt gehst, musst du dir aber über Folgendes im Klaren sein:

- Die Einkäufer erhalten jeden Tag dutzende Produkte, d. h., dein Produkt muss aus der Masse hervorstechen.
- Um zentral gelistet zu werden, musst du die Einkäufer mit Benefits überzeugen: Werbekostenzuschuss, Freiware oder Sonstiges.
- Solltest du eine Zentrallistung bekommen, können ALLE Märkte des Konzerns bestellen. Das heißt, es kann ein hohes Bestellvolumen auf dich zukommen.

14 Vertrieb – Wohin mit den ganzen Äpfeln?

- Zentraleinkäufer sind starke Verhandlungspartner: Lass dich besser vor einem Gespräch beraten oder nimm einen Experten mit in die Verhandlung.

„Kaltakquise im LEH funktioniert nur bei inhabergeführten Märkten, also z. B. Rewe Gerd Meier." Phil von SalesPatrol [2]

Bei Edeka und Rewe gibt es beide Optionen: sowohl zentral gesteuerte Filialen als auch inhabergeführte Läden. Zum Start solltest du in deiner Region bei den inhabergeführten Filialen anklopfen. Diese erkennst du am Namen, z. B. „Rewe Gerd Meier".

Rewe ist in sechs Regionen eingeteilt und hat eine Zentrale. Viele Märkte haben zwar ein Start-up-Regal, meistens sind jedoch Displays erwünscht. Rewe City ist unattraktiv, da die Flächen zu klein sind. Gewünscht sind Abverkaufszahlen im Bereich von 7 bis 9 pro Woche pro Markt, 3 bis 5 pro Woche ist die unterste Grenze, sonst kommt die Auslistung. Bei Rossmann reichen schon 2 Stück pro Sorte/Woche.

Es gibt zwei Wege, auf Kundenjagd zu gehen: Kalt- oder Warmakquise.

„Wenn du eine Zeit lang Akquise im LEH machst, wirst du merken, dass warme Termine nicht so gut funktionieren. Bei einem kalten Termin können nur zwei Dinge passieren: Entweder du kannst direkt präsentieren oder du kommst nochmal." Phil von SalesPatrol [2]

Bei der Kaltakquise kennt dich dein potenzieller Kunde noch nicht. Im Gegensatz dazu steht die Warmakquise. Hierbei hast du den Kunden bereits telefonisch oder per Mail kontaktiert und „angewärmt". Kaltakquise erfordert zwar erst einmal mehr Überwindung, dennoch empfehle ich dir, diesen Weg zu gehen. Warmakquise im LEH ist nicht zu empfehlen, da die Filialleiter sehr wenig Zeit haben, daher auf Mails meist nicht reagieren und Anrufe von Unbekannten meistens abgeblockt werden. Sollte der Händler keine Zeit haben, versuchst du es so lange, bis er Zeit hat oder du vereinbarst einen Termin. Wenn er ganz klar „nein" sagt, kannst du nach seinen Gründen dafür fragen. [9]

Die Frage nach den Einwänden des Händlers bei potenziellen Kunden ist äußerst wichtig. Im Vertrieb spricht man von „Einwandbehandlung". Du kannst dir bereits vorab Gedanken über mögliche Einwände machen und dich darauf vorbereiten. Dennoch solltest du stets versuchen, Einwände zu erfragen, denn nur dadurch wirst du immer besser und bist auf zukünftige Einwände vorbereitet. [10]

Bei inhabergeführten Läden kannst du ebenfalls eine Verkostung anbieten. Für die Verkostung wirst du dich einen Tag in den Laden stellen und die Kunden deine Produkte probieren lassen. Je nach Produkt ist dies jedoch nicht so einfach möglich, z. B. bei Tiefkühl-Produkten. Eine Verkostung ist zwar zeitaufwendig, aber du profitierst doppelt: Auf der einen Seite hast du ein zusätzliches Verkaufsargument und auf der anderen kannst du in Kundenkontakt treten und Feedback einholen. Denk dabei aber an die Voraussetzungen. Einen Aufsteller und ggf. Kochequipment wirst du mitbringen müssen. Kläre am besten im Vorfeld mit den Läden, wie die Bedingungen vor Ort sind und was du mitbringen musst.

„In den LEH zu kommen ist nicht so schwer. Im Laden zu bleiben dagegen sehr." Gabriele Riedl von Pastakultur [11]

Wenn du ein großartiges Produkt hast, dass den Nerv der Zeit trifft, wird es wahrscheinlich nicht schwer, passende Läden dafür zu finden. Jedoch kannst du genauso schnell, wie du dort gelistet wirst, auch wieder ausgelistet werden. Regalmeter im Handel sind teuer und beliebt, d. h., du stehst immer in Konkurrenz mit anderen Herstellern. Wenn dein Produkt nicht genug verkauft wird, wirst du dort nicht langfristig existieren. Lass dich davon aber nicht abschrecken, denn dieser Laden hat vielleicht nicht deine Zielgruppe als Kunden. Bleibe hartnäckig und gewöhne dir an, regelmäßig neue Läden zu akquirieren. Nur so wirst du auch erfahren, welche Läden und Stadtteile oder Ortschaften zu deinem Produkt passen.

„Kann ich die Nachfrage befriedigen, wenn ich in den LEH gehe?" Phil von SalesPatrol [2]

Jedoch solltest du dir nicht nur bei Händlern mit Zentrallägern um dein mögliches Verkaufsvolumen Gedanken machen. Wieviel kannst du maximal produzieren und wie viele Märkte kannst du, bei deiner aktuellen Situation, überhaupt bewältigen? Rechne dir aus, wie viel du produzieren müsstest, wenn du X Läden findest, die pro Tag X/Stück deiner Produkte verkaufen. Mach dir also auch Gedanken darüber, ob du diese Mengen überhaupt selbst produzieren kannst oder ob du Mitarbeiter bzw. einen Lohnhersteller benötigst, und kümmere dich früh genug darum. Einen Lohnhersteller zu finden ist nicht gerade einfach (siehe Kap. 13 Produktion)

„Edeka und Rewe sagen ganz klar: Wenn keine vernünftige Bestandsbetreuung stattfindet und die Bestellprozesse nicht funktionieren, seid ihr ganz schnell raus." Phil von SalesPatrol [2]

Deine Bestände bei Bestandskunden zu betreuen ist ebenso wichtig, wie neue Läden zu akquirieren.

Wenn du routiniert Läden abfährst, um diese zu akquirieren, plane deine Tour so, dass du gleichzeitig auch die Bestandskunden betreuen kannst. Wenn du keine Zeit dazu hast, musst du dir einen Co-Founder, Mitarbeiter oder eine Agentur suchen, die das für dich übernehmen. Diesen Service wissen die Händler sehr zu schätzen und du baust damit eine gute Beziehung zu deinen Kunden auf.

„Unser Backoffice ruft eine Woche nach Bestellung und Wareneingang im Markt an und fragt, ob die Ware ankam und ob alles in Ordnung ist." Phil von SalesPatrol [2]

Ebenfalls solltest du dir Gedanken über die Bestellprozesse des Händlers machen. Davon ausgehend, dass du nicht gleich eine Zentral-Listing bekommen wirst: Wie sollen die Händler bei dir bestellen? Müssen sie dich jedes Mal anrufen oder eine Nachricht schreiben, um ein paar Gebinde-Einheiten nachzubestellen? Würdest du dich als Händler darüber freuen, wenn du bei 100 Start-ups einzeln bestellen müsstest? An deiner Stelle würde ich versuchen, diesen Bestellprozess so einfach wie möglich zu gestalten. Bei Läden, die du sowieso regelmäßig anfährst, kannst du selbst die Bestellmengen voreintragen und den Händler nur noch bestätigen lassen. Bei allen anderen würde ich dir empfehlen, eine digitale und möglichst einfache Handhabe zu ermöglichen. Das könnte so etwas Banales wie ein QR-Code mit vorausgefüllter E-Mail sein, bei der nur noch eine Zahl eingetragen werden muss. Lass deiner Kreativität freien Lauf und frage die Händler individuell, wie sie es am liebsten hätten.

„Um im LEH an eine Kühlfläche zu kommen, da brauchst du eine wirklich gute Strategie." Phil von SalesPatrol [2]

Wenn du ein kühlpflichtiges Produkt entwickelt hast, wirst du dich um eine noch stärker umkämpfte Fläche bemühen müssen. Die Kühlschränke und Tiefkühl-Bereiche sind für den Händler teuer in der Unterhaltung und hier gibt es noch einmal mehr Konkurrenten, die sich um die rare Fläche bemühen. Wenn du in eine Kühlfläche willst, solltest du vorher schon ein gutes Marketing machen und z. B. eine solide Fanbase auf Social Media haben, um damit den Händler überzeugen zu können.

„Es ist wichtig auch einen gut designten Bestellschein zu haben." Phil von SalesPatrol [2]

Dein CI (Corprate Identity) sollte sich auf allen Dokumenten widerspiegeln, die dein Unternehmen verlassen. Wenn du also eine CI in Auftrag gibst, denk dabei auch an Bestellscheine, die du den Händlern eventuell mitgeben musst.

„Bei Metro gehst du direkt an den Category Manager. Die Metro-Abteilungsleiter haben richtig Bock auf neue Sachen. Dort musst du aber den Kontakt zum Category Manager haben." Phil von SalesPatrol [2]

Bei der Metro kannst du nur mit einer Metrokarte einkaufen, d. h., die Zielgruppe ist von vornherein kleiner, aber auch klarer abgesteckt. Wie du im Zitat von Phil von SalesPatrol lesen kannst, sind die Abteilungsleiter in der Metro von Grund auf begeistert von innovativen Produkten. Wenn du eine Metro akquirieren möchtest, versuche vorher auf Facebook/Xing/LinkedIN herauszufinden, wer für deine Kategorie im Markt zuständig ist. Im besten Fall findest du ein Porträtfoto und weißt so, nach wem du im Markt suchen musst. Außerdem kannst du dir ein paar Informationen über die oder den Verantwortlichen anlesen und hast es dadurch leichter, ein Gespräch aufzubauen. Für den B2B-Sektor kannst du dir auch Gedanken über größere Verpackungs-Einheiten machen, da dort mehr Großverbraucher einkaufen gehen.

„Wir versuchen, einen Markt so oft es geht zu kontaktieren, damit die Märkte sich bei uns wohlfühlen." Phil von SalesPatrol [2]

Vertrieb im LEH (vgl. Abb. 14.1)
- Vorteile im Handel:
  - Höhere Mengen pro Lieferung
  - Regelmäßige Bestellzyklen und damit gut kalkulierbar
  - Mehr Reichweite = Kunden
  - Höhere Akzeptanz des Produktes.
- Nachteile im Handel:
  - Geringere Marge (der Handel will ~ 30 %)
  - Durch Preisaktionen könnten deine Marke und das Preisempfinden deiner Kunden leiden
  - Je nach Handelsstruktur gibt es lange Entscheidungszyklen. [12]
  - Zahlungsziele von bis zu 6 Wochen
- Wichtig für den Handel: [12]
  - Da du nicht direkt im Kundenkontakt stehst, erfordert dieser Vertriebsweg ein erfolgreiches Handelskonzept sowie ein ausgeklügeltes Verpackungsdesign.
  - Du solltest ein gut getestetes MHD auf der Packung haben.
  - Deine Verpackung muss LMIV konform sein.
  - Die Produkt-Chargen müssen rückverfolgbar sein.
  - Es ist zu klären, was mit abgelaufener Ware passiert.
  - Wer kümmert sich um deine Aufsteller oder Produkte im Regal? Hast du einen Vertrieb?
  - Hast du eine Produkthaftpflichtversicherung?

14.2 Alternativen zum LEH

„Der Vorteil im Unverpackt-Laden ist: Die Kunden können erst einmal kleine Mengen kaufen, um das Produkt zu testen." Cecilia Antoni von Bohnikat [13]

```
                    MyEnso                    Kaufland, Lidl, Aldi,
                    andere Online-Shops       Dennree, Alnatura,
                    Markthalle mit            Metro, Apotheken,
                    Partnerladen              Baumärkte, Hotelketten,
                    Rewe, Edeka               Discounter, Hit Märkte,
                                              Dehner
        Skalierung
                    eigener Online-Shop       eigener
                    Hofladen                  Selbstbedienungsautomat
                    Unverpackt Laden          Markthalle mit eigener
                    Lokale Läden              Fläche
                    Bäcker                    eigener Laden
                    Metzger
                    Wochen-Märkte

                                              Investitionshöhe
```

Abb. 14.1 Die vier Felder Matrix des Food Vertriebs (eigene Darstellung)

Unverpackt-Läden erfreuen sich immer größerer Beliebtheit. Das sieht man an der Anzahl von Läden, die sich deutschlandweit ausgebreitet haben. Beim Unverpackt-Laden muss der Endkunde, wie der Name schon sagt, seine eigenen Gefäße mitbringen oder Mehrweg-Gefäße im Laden erwerben. Die Produkte werden dann abgewogen und grammgenau verrechnet. Der Vorteil ist, dass der Kunde auch eine kleine Menge deines Produkts als Kostprobe kaufen kann. Dadurch sinkt die Hemmschwelle des Erstkaufs. Außerdem musst du dir auch keine Gedanken um deine Verpackung machen.

Des Weiteren sind Unverpackt-Läden fast immer inhabergeführt, sodass du dort direkt in die Akquise starten kannst.

„Der Hofverkauf fällt aktuell immer weiter ab und wir haben den Druck, unseren Betrieb auf digitale Angebote umzustellen." Jan Kaltenthaler [14]

Gerade durch Corona hat sich das Einkaufsverhalten der Konsumenten verändert, das wird sicherlich zu einem gewissen Teil auch nachhaltig so bleiben. Ich empfehle dir daher, deinen Vertrieb breit aufzustellen und auch digitale Angebote einzugliedern. Diese können ein eigener Online-Shop, Instagram/Facebook-Kanal oder auch eine Plattform wie Amazon sein.

„Food-Start-ups sind für uns der Schlüssel für unser Sortiment". Dr. Helmut Leopold von myEnso [15]

Eine weitere Möglichkeit ist die Listung in anderen Online-Shops. MyEnso bietet z. B. ein spezielles Programm für Food-Start-ups. Dort bekommst du neben einer Listung zusätzlich das wertvolle Kundenfeedback, denn MyEnso ist so konzipiert, dass die Kunden permanent mitentscheiden, welche Produkte ins Sortiment genommen werden sollten und welche nicht. Daher eine klare Empfehlung: Melde dich dort an.

„Jede Stadt will eine Markthalle. Es ist nicht übertrieben, wenn ich sage, dass ich jedes Jahr vier Anrufe für eine bekomme." Werner Häfele [16]

Im stationären Handel gibt es auch noch ein Relikt aus alten Zeiten: Die Markthalle. Neu zum Leben erweckt und angepasst an die heutigen Kundenbedürfnisse gibt es zahlreiche Beispiele von wirklich guten Markthallen, die zum Verweilen einladen. Dort ist fast immer ein Gastronomiekonzept integriert. So eine Halle bietet dir zahlreiche Optionen:

- Listung bei einem der dort vertretenen Händler
- Events mit Verkostungen
- Anmietung eines eigenen Stores

Bei den meisten Markthallen-Konzepten ist es so, dass die Flächen/Stores untervermietet werden. So kannst du dir passende Partner innerhalb einer Markthalle suchen.

„Ich vertreibe auch in besonderen Shops wie z. B. Dekoläden oder Kreativshops." Marina Herter von HappySnäx [17]

Außerhalb der Lebensmittelbranche gibt es noch weitere Alternativen zum LEH, e-Commerce, zu Markthallen oder Unverpackt-Läden. Andere Händler haben ebenfalls Randsortimente mit Lebensmitteln.

Wenn es in deiner Nähe Läden gibt, bei denen die Zielgruppe passt, kannst du auch dort dein Glück versuchen. Wenn du beispielsweise ein Produkt mit der Zielgruppe „Kinder" hast, könntest du diese in Läden für Kinderkleidung platzieren.

„Wir haben sehr schnell ein Abo-Modell kreiert, weil wir gemerkt haben, dass Eltern den wiederkehrenden Bedarf an Babynahrung haben." Tobias Gunzenhauser von Yamo [18]

Wenn du dich entscheidest, einen eigenen Online-Vertrieb aufzubauen, ist ein Abo-Modell besonders zu empfehlen. Wenn du es schaffst, deine Kunden durch ein Abo an dich zu binden, kannst du mit regelmäßigen Umsätzen kalkulieren und hast eine solide Basis. Unterschätze dabei aber nicht den Kunden-Support, den du dazu brauchst. Wenn du im E-Commerce erfolgreich sein und skalieren willst, solltest du frühzeitig jemanden einstellen, der diesen Support übernimmt. Besonders, wenn du verschiedenste Vertriebswege anstrebst, wird dir das Ganze schnell über den Kopf wachsen.

Eine noch relativ „exotische" Vertriebsmöglichkeit für deine Produkte sind Selbstbedienungsautomaten. Diese findest du insbesondere bei Direktvermarktern (Landwirten) oder auch Metzgereien. Auch dort kannst du versuchen, Partner zu gewinnen oder sogar eigene Automaten aufzustellen. Mittlerweile hat z. B. SirPlus in Berlin an Bahnhöfen sogenannte „Rettomaten". Eine Kooperation wäre für dich interessant, um abgelaufene/überproduzierte Ware nicht vernichten zu müssen.

„Leuten etwas schenken heißt auch, dein Produkt ist nicht gut. Dein Produkt muss so gut sein, dass du nichts verschenken musst. Lege lieber mehr Wert auf den Service." Phil von SalesPatrol [2]

Versuche, den Verkauf für deine Wiederkäufer so komfortabel wie möglich zu gestalten. Nur so brauchst du deine Produkte nicht mit einer schlechten Marge zu verkaufen und profitierst langfristig davon.

„Was ich als Start-up tun würde, ist: Die Ware im ersten Jahr risikofrei zu machen." Phil von SalesPatrol [2]

14 Vertrieb – Wohin mit den ganzen Äpfeln?

Ein weiteres Verkaufsargument könnte sein, dass du deine Ware risikofrei machst. Zumindest für das erste Jahr der Partnerschaft mit den Händlern. Letztlich stehst du hinter deinem Produkt und gehst davon aus, dass du gute Vorarbeit geleistet hast und somit dein Produkt auch gut verkauft wird. Du kannst den Händlern anbieten, nicht verkaufte Ware zurückzunehmen und zu erstatten. Dadurch hat der Händler kein Risiko mehr. Dies ist ein sehr starkes zusätzliches Verkaufsargument, was ich persönlich als Joker in der Hinterhand behalten würde.

„Ein wichtiger Kanal sind Firmenkunden, die Produkte als Geschenke weitergeben." Jörn Gutowsky von TryFoods [19]

Je nachdem, welches Produkt du entwickelst, kannst du es als Geschenkartikel anbieten. Besonders im B2B-Bereich werden Produktgeschenke gern an Kunden versendet, z. B. zu Weihnachten. Zusätzlich könntest du zu besonderen Anlässen wie Ostern oder Weihnachten eine Sonderedition herausbringen und dafür auch einen höheren Verkaufspreis verlangen.

Wochenmärkte oder Bauernmärkte bieten ebenfalls eine gute Möglichkeit, deine Produkte anzubieten. Such dir passende Märkte in deiner Region aus und analysiere diese:

- Wie viele Aussteller sind vorhanden?
- Gibt es gleiche oder ähnliche Produkte?
- Gibt es einen Markt-Manager, den du vor Ort ansprechen kannst?
- Welche Zielgruppe besucht diesen Markt und passt sie zu deinem Produkt?
- Passt dein Produkt ins Marktportfolio?

Du kannst auch andere Marktverkäufer fragen, wie sie den Markt hinsichtlich Umsatz und das Publikum bewerten. Ausstellerlisten findest du auf Facebook oder auf den Seiten der Marktbetreiber. Frage auch deine Community, ob und wenn ja, auf welche Märkte sie geht. Viele Märkte und Messen haben eigene Newsletter, melde dich dafür an und informiere dich. Denk an dein finanzielles und zeitliches Budget. Zu den Ausstellungskosten kommen noch Fahrtkosten, Parkgebühren, Verpflegung, ggf. Übernachtungs- und Personalkosten hinzu. [3]

14.3 Eigener Außendienst

Wenn dein Unternehmen beginnt zu skalieren, werden einige der ersten Mitarbeiter, die du benötigst im Vertrieb sein, sofern du nicht direkt in Top-Down-Märkte mit Zentraleinkauf gehst. Marktleiter wollen den persönlichen Kontakt, d. h., dein Außendienst wird für dein Wachstum im LEH sorgen. Philip Jahnis von Hafervoll hat viel Erfahrung darin, einen guten Außendienst aufzubauen, und gibt einige wichtige Tipps. Er empfiehlt, einen eigenen Außendienst gegenüber einer Vertriebsagentur vorzuziehen. Dein Außendienst repräsentiert deine Marke als Markenbotschafter und ist nicht mit einem ganzen Bauchladen unterwegs.

Neben dem reinen Vertrieb deiner Produkte zählen zu den Aufgaben eines guten Außendienstes auch

- das Auffüllen der Displays oder Regale (Masse verkauft Masse),
- das Optimieren der Positionierung im Markt in Absprache mit der Marktleitung,
- der Ausbau von Cross-Selling und
- die Repräsentation auf Messen.

Ein Außendienstler sollte pro Tag zwölf bis 13 Märkte besuchen. Gerade zu Beginn solltest du selbst einmal 200 bis 300 Märkte abfahren und eigene Erfahrungen sammeln. Das geht auch mit motivierten Praktikanten. Ein Außendienstler kostet dich etwa 60.000 bis 70.000 € pro Jahr, inklusive Dienstwagen. Gute Außendienstler sind oft berufserfahren und haben bereits im Handel gearbeitet, optimalerweise als stellvertretender Marktleiter. Wenn du ganz Deutschland mit einem Außendienst abdecken willst, benötigst du dafür etwa neun Mitarbeiter, fünf von Ihnen können aber auch schon die wichtigsten Regionen abdecken (Stuttgart, Berlin, Nord-Bayern, Süd-Bayern, Hamburg, Frankfurt, Hannover, Rhein-Ruhr-Region). [20]

Anhand der Erfahrungen, die du selbst bei der Akquise machst, kannst du hochrechnen, wieviel dir ein Mitarbeiter im Außendienst potenziell bringen kann. Daraus ergibt sich ein Umsatzpotenzial, das du für deine Skalierung hochrechnen kannst. Besonders am Anfang werden weniger Märkte pro Tag angefahren, da erst einmal Marktleiter überzeugt, Verkostungen organisiert, Feedback eingeholt und Verkaufszahlen abgefragt werden müssen. Außerdem solltest du bei Außendienstmitarbeitern darauf achten, einen variablen Anteil am Gehalt zu verhandeln. [5]

> „Es gibt keine leichte Strategie. Das Wichtigste ist Hartnäckigkeit. Zur Not stehe ich auch bei den Einkäufern direkt mal im Büro." Phil von Sales-Patrol [2]

Zusammenfassend lässt sich sagen: Es gibt viele gute Möglichkeiten, dein Produkt zu vertreiben. Ob du erfolgreich damit sein wirst, hängt weitgehend von dir selbst ab. Wenn du gute Vorarbeit geleistet hast (klare Zielgruppe, MVP an den Kundenbedürfnissen entwickelt, Community-Aufbau), dann kommt es darauf an, wie hartnäckig du bist. Du musst immer dranbleiben und darfst dich von Absagen nicht beirren lassen. Zeige deinen potenziellen Kunden, was du für ein tolles Produkt entwickelt hast und dass du hundertprozentig dahintersteht.

Wenn du die ersten Händler überzeugt hast, liefere deine Ware immer on time, sonst bist du schneller ‚raus', als dir lieb sein kann. Folge den Händlern auf Social Media und vertagge sie in deinen Beiträgen. Füge die Händler auf deiner Webscite in der Rubrik „Verkaufsstellen" hinzu. Verschicke nochmals eine Samplebox an den Markt, extra für die Mitarbeiter. Mach dir einen Serientermin für regelmäßige Follow-ups, z. B. monatlich. [3] Außerdem empfehle ich, alle Gespräche zu protokollieren und das Protokoll zeitnah danach an die Verantwortlichen zu senden, so kommen im Nachgang keine Missverständnisse auf.

Literatur

1. Gross T (2020) Interview mit Christoph Jestädt, Titel: „Christoph Im Interview zu den Themen eigene Marken und Großhandel", Veröffentlicht am 17.09.2020. https://grossfoodconsulting.libsyn.com/christoph-im-interview-zu-den-themen-eigene-marken-und-grohandel. Zugegriffen am 07.06.2021
2. Gross T (2021) Interview mit Phil Taube, Titel: „Phil von sales Patrol im Interview Teil 2", Veröffentlicht am 04.03.2021. https://grossfoodconsulting.libsyn.com/phil-von-salespatrol-im-interview-teil-2

3. Adams M (2020) Food business secrets. Food Truck Empire & JPM Publishing. Austin Texas
4. Goblirsch M (2021) bei seinem Talk auf dem Food & Beverage Innovators Summit 2021. Zugang Online nur für Teilnehmer
5. Gross T (2021) Interview mit Wolf Michael Nietzer, Titel: „Insights eines internationalen Investors: Interview mit Wolf Michael Nietzer", Veröffentlicht am 04.03.2021. https://grossfoodconsulting.libsyn.com/insights-eines-internationalen-investors-interview-mit-wolf-michael-nietzer
6. Bettina (Klein) Die Top 30 im LEH. https://lebensmittelpraxis.de/top-30-unternehmen-im-leh.html. Zugegriffen am 08.06.2021
7. Wehmann J (2022) Real-Zerschlagung: Wer übernimmt die Filialen? Was ist bisher bekannt? https://www.24rhein.de/leben-im-westen/shopping/real-filialen-uebernahme-schliessung-liste-kaufland-edeka-globus-buenting-gruppe-nrw-famila-combi-ueberblick-90202189.html. Zugegriffen am 08.06.2021
8. EHI Retail Institut. https://www.handelsdaten.de/lebensmittelhandel/zahl-der-filialen-der-groessten-bio-supermaerkte-deutschland-jahresvergleich. Zugegriffen am 08.06.2021
9. Gerbert W (2016) Verkaufen ist wie Flirten: Psychologie des Verkaufens – Kunden gewinnen und halten. Books on Demand Norderstedt
10. Schumacher H-G (2011) Qualifizierte Neukundengewinnung im Firmenkundengeschäft. Springer Gabler, Wiesbaden
11. Gross T (2021) Interview mit Gabi Riedl, Titel: „Interview mit Gabi Riedl von Pastakultur", Veröffentlicht am 11.02.2021. https://grossfoodconsulting.libsyn.com/interview-mit-gabi-riedl-von-pastakultur
12. Lewis J (2011) Starting a part-time food business: everything you need to know to turn your love for food into a successful business without necessarily quitting your day job. Rabbit Ranch Pub
13. Gross T (2020) Interview mit Cecilia Antoni, Titel: „Cecilia von Bohnikat im Interview", Veröffentlicht am 27.08.2020. https://grossfoodconsulting.libsyn.com/cecilia-von-bohnikat-im-interview
14. Gross T (2020) Interview mit Jan Kaltenthaler, Titel: „Jan von der Wein- und Essig-Manufaktur Kaltenthaler im Interview", Veröffentlicht am 18.06.2020. https://grossfoodconsulting.libsyn.com/jan-von-der-wein-und-essig-manufaktur-kaltenthaler-im-interview
15. Gross T (2020) Interview mit Dr. Helmut Leopold Titel: „Dr. Helmut Leopold von myEnso im Interview", Veröffentlicht am 19.11.2020. https://grossfoodconsulting.libsyn.com/dr-helmut-leopold-von-myenso-im-interview

16. Gross T (2020) Interview mit Werner Häfele, Titel: „Werner Häfele im Interview zum Thema Markthallenkonzepte", Veröffentlicht am 14.05.2020. https://grossfoodconsulting.libsyn.com/werner-hfele-im-interview-zum-thema-markthallenkonzepte
17. Gross T (2020) Interview mit Marina Herter Titel: „Marina Herter von Happysnäx im Interview", Veröffentlicht am 29.10.2020. https://grossfoodconsulting.libsyn.com/marina-hrter-von-happysnx-im-interview
18. Gross T (2020) Interview mit Tobias Gunzenhauser Titel: „Interview mit Tobias Gunzenhauser von Yamo", Veröffentlicht am 04.02.2021. https://grossfoodconsulting.libsyn.com/interview-mit-tobias-gunzenhauser-von-yamobio
19. Gross T (2020) Interview mit Jörn Gutowski Titel: „Jörn Gutowski CEO von TryFoods und Mitgründer von Kofu im Interview", Veröffentlicht am 01.04.2020. https://grossfoodconsulting.libsyn.com/interview-mit-jrn-gutowski-ceo-von-tryfoods
20. Jahnis P (2021) bei seinem Talk auf dem Food & Beverage Innovators Summit 2021. Zugang Online nur für Teilnehmer

15

Anlaufstellen und Infrastruktur

Zusammenfassung In diesem Kapitel möchte ich dir Anlaufstellen vorstellen, sowohl im deutschsprachigen Raum wie international. Mit Anlaufstellen meine ich Orte und Investoren, die in der Food-Branche zuhause sind und Netzwerke, Produktionsstandorte und vieles mehr bieten. Außerdem geht es in diesem Kapitel um die Unterscheidung von Acceleratoren, Inkubatoren und Venture Capitalists. Diese Unterscheidung ist wichtig, um zu verstehen, welche Programme und Ansprechpartner dich in welchem Stadium weiterbringen können.

Bastian Halecker erklärt in seinem Buch „Dino trifft Einhorn", wie du dir Inkubatoren, Acceleratoren und VCs vorstellen kannst.

- Ein Inkubator ist wie eine Krippe oder ein Kindergarten. Nachdem das Kind „geboren" ist, entwickelt es hier alle Fähigkeiten, die es notwendig braucht, um in der Welt klarzukommen.

- Ein Accelator ist wie eine Schule: Hier werden mit etwas Druck und Stringenz nach einem festen Stundenplan Inhalte vermittelt, die die Entwicklung des Kunden voranbringen und beschleunigen.
- Ein VC entspricht einer weiterführenden Schule: Hier geht es um einen größeren letzten Schritt hin zum Erwachsensein. [1]

Das gibt einem zu denken. Prüfe also, mit wem du dich finanziell und unternehmerisch verbindest. Denn wenn du wirklich etwas verändern willst, brauchst du dafür eine gewisse Größe. In der Regel kommst du dabei um Investoren nicht herum. Es dauert durchschnittlich fünf bis sieben Jahre, bis ein Food-Start-up den Break-Even-Point erreicht. Tab. 15.1 zeigt dir eine Übersicht der Acceleratoren, Inkubatoren und Investoren.

15 Anlaufstellen und Infrastruktur

Tab. 15.1 Anlaufstellen für Food-Start-ups

Name	Funktion	Webseite	Standort
Atlantic Food Lab	Early Stage Investor	https://foodlabs.de/	Berlin
be8 Ventures	VC Tickets in Höhe von 2 Mio. bis 10 Mio. Ab Series A. Gehört zur Oetker-Gruppe.	https://www.be8.vc/	Berlin
Best Food Founder Award	Wettbewerb – als Gewinn winkt der TV-Mediapreis vom ProSiebenSat.1 Accelerator. Bewerben können sich deutschsprachige Start-ups aus dem Bereich Food & Beverage. Die Jungunternehmen müssen über ein innovatives B2C-Geschäftsmodell mit Skalierungspotenzial in Form eines fertigen Produkts oder einer Dienstleistung verfügen und sollten zudem eine klare, realistische Monetarisierungs-Strategie beziehungsweise erste relevante Umsätze vorweisen können.	https://best-food-founder.com/	Deutschland
blue horizon ventures	VC Die zugrundeliegende Mission des Fonds ist die Unterstützung und Förderung eines positiven globalen Einflusses auf die Umwelt, die menschliche Gesundheit und den Tierschutz. Pflanzenbasierte Proteine und zelluläre Landwirtschaft (Clean Meat) sind die Hauptschwerpunkte. Ab Series A.	https://www.bluehorizonventures.com	Zürich
Campus Founders	Accelerator-Programm für Start-ups. Angegliedert an den DHBW-Campus mit dualen Lebensmittelstudiengängen	https://campusfounders.de/de/	Heilbronn

(Fortsetzung)

Tab. 15.1 (Fortsetzung)

Name	Funktion	Webseite	Standort
Chobani Inkubator	Der New Yorker Inkubator führt ein viermonatiges Programm für Lebensmittel-Start-ups durch, einschließlich der Zusammenarbeit mit seinen Teammitgliedern vor Ort. Das Programm enthält eine umfassende Liste von Themen wie den Aufbau eines nachhaltigen Unternehmens und Ernährung und Lebensmittelkennzeichnung. Der Inkubator bietet einen Zuschuss von 25.000 US-Dollar und deckt auch Hotel- und Reisekosten ab.	https://chobaniincubator.com/	New York
Cluster am Kern	Förderprogramm für bayrische Food-Start-ups. Der Fokus liegt thematisch im Bereich Produktentwicklung. Die Zielgruppe des Programms food collegen sind neben den üblichen Food-Start-ups für den Lebensmitteleinzelhandel insbesondere Erzeuger*innen aus der Landwirtschaft.	https://www.cluster-bayern-ernaehrung.de/	Bayern
Cocina Coworking Kitchen	Coworking Space für Food-Start-ups	https://coworkland.de/de/spaces/cocina-coworking-kitchen-kiel	Kiel
Crowdfoods	Der erste länderübergreifende Verband für Start-ups aus dem Food- und Agrotech-Bereich.	https://crowdfoods.com/	DACHLI
DLG Innovation Spotlight	Wettbewerb Auszeichnung in Form einer Urkunde Preisgeld in Höhe von 2000 € Medienwirksame Berichterstattung	https://www.dlg.org/de/lebensmittel/themen/awards/dlg-innovation-spotlight	Deutschland

Döhler Ventures	Early Stage VC mit Fokus auf Gesundheit, Ernährung & Lifestyle-Produkte Innovationen bei pflanzlichen Inhaltsstoffen Lebensmittel- & Getränketechnologie Digitaler Handel & Online-Plattformen	https://www.doehler-ventures.com/	Darmstadt
Edeka Food Tech Campus	Mentorenprogramm, Mitgliedschaft für 50 €/Monat, Coworking, Media Kitchen, Edeka Insights.	https://foodtechcampus.de/	Berlin
Food Angels Germany	Zusammenschluss von Business Angels	https://food-angels.org	international
Food Bytes	Ein neuartiges Programm, das die bahnbrechendsten Start-ups und fortschrittlichen Unternehmen der Branche zusammenbringt, um branchenübergreifende Innovationen zu fördern und einen neuen Standard für Lebensmittel und Landwirtschaft zu setzen. Das Programm ist als eine fortlaufende Innovationsplattform konzipiert und bietet Start-ups die Möglichkeit, Hand in Hand mit Industriepartnern in einem speziellen Produktvalidierungsprogramm zu arbeiten.	https://www.foodbytesworld.com/	Amerika
Food Startup Inkubator	Food-Start-up-Inkubator der Hochschule Weihenstephan Small Batch Production Zertifikat Food Start-up Gründung. Das Programm geht über zwölf Monate von der Entwicklung einer Lebensmittelidee bis zur Markteinführung.	https://fsiws.com/	Bayern

(Fortsetzung)

Tab. 15.1 (Fortsetzung)

Name	Funktion	Webseite	Standort
Foodhub NRW e. V.	Foodhub NRW e. V. ist eine Innovationsplattform und Community. Sie vernetzt Akteure der Agrar- und Lebensmittelbranche vom Feld zum Regal, um gemeinsam zukunftsgerichtete Lösungen für die Branchen zu entwickeln. Angebote: Veranstaltungen, Matchmaking für Kooperationen mit Start-ups/Universitäten/Investoren, NRW-Start-up-Touren, Hackathons und Business Challenges.	https://foodhub-nrw.de/	NRW und ganz Deutschland
Foodlab	Arbeiten, produzieren, netzwerken. Hier bekommst du einen Arbeitsplatz im Coworking, einen Küchenbereich und Coaching. Im Gegensatz zu anderen Programmen müssen hier keine Anteile abgegeben werden.	https://foodlab.hamburg/	Hamburg
Food-X	Food-X ist ein New Yorker Innovation Accelerator, der Start-ups dabei unterstützt, ihre Produkte und Dienstleistungen schnell auf den Markt zu bringen. Sie stellen bis zu 50.000 US-Dollar an Kapital bereit, halten Trainingsworkshops ab, bieten Zugang zu einem großen Netzwerk von Lebensmittelunternehmen und Mentoren und beherbergen auch Coworking-Küchen.	https://food-x.com/	New York
Gateway49 Accelerator	Accelerator Jedes Team erhält bis zu 30.000 Euro finanzielle Unterstützung während der neunmonatigen Programmlaufzeit. Und das Beste: Bei GATEWAY49 behaltet Ihr 100 % der Anteile.	https://www.gateway49.com/food.php	Lübeck

Godo Röben	Business Angel		DACH
Good Seed Ventures	VC	https://goodseedventures.com/	Rheine
H-Farm	Siehe Kapitel Finanzierung Mit Partnern wie Cisco, Nestlé und Carlsberg bietet H-Farm ein viermonatiges Accelerator-Programm. Die Gründer erhalten Zugang zu einem internationalen Netzwerk von Geschäftsführern und Mentoren, einem engagierten Team und 20.000 EUR Startkapital.	https://www.h-farm.com/en	Italien
Innovationsstiftung Haco und Haco Innovation Lab	„Unsere Mission ist es, Gründer mit neuen Ideen und innovativen Technologien zu fördern." Unterstützen insbesondere in den Bereichen Prozesse, industrielle Skalierung und Qualitätssicherung. Innovationsfond für Start-ups.	https://www.inha.swiss	Zürich
Käfer Capital	VC		München
Katjes Green Food	Die jüngste Schwestergesellschaft der Katjes-Gruppe investiert in den stark wachsenden Markt für nachhaltige vegetarische Lebensmittel. Der Fokus liegt dabei bewusst außerhalb des Süßwarenmarktes.	https://katjesgreenfood.de/	Düsseldorf
KitchenTown	Coworking Space, mietbare Produktionsküche für kleine Produktionsmengen, sechsmonatiges Accelerator-Programm mit 30.000 € Finanzierung	https://www.kitchentown.de/de/	Berlin
Mondelez International	Investieren in Start-ups als Innovation Hub im Bereich Snacks der Zukunft.		international

(Fortsetzung)

Tab. 15.1 (Fortsetzung)

Name	Funktion	Webseite	Standort
myEnso	myEnso ist ein eCommerce Unternehmen, das sich stark von anderen Online-Lebensmittelhändlern unterscheidet. Es entwickelt sich permanent im starken Austausch mit seinen Kunden weiter. Für myEnso sind Start-ups einer der wichtigsten Bausteine im Sortiment. Dafür bieten sie den jungen Gründer/Innen die Möglichkeit, Kunden-Feedback zu erhalten und im besten Fall auch eine Listung bei myEnso. Mit der Zweitmarke „Tante Enso" bringen sie Tante-Emma-Läden zurück in die ländlichen Regionen Deutschlands.	www.myenso.de	Deutschlandweit mit Sitz in Bremen
mylkcubator	Disruption der Milchindustrie. Fokus auf Zellkultivierung und Fermentation. sechsmonatiges Programm.	https://mylkcubator.com/	Madrid
NEXT COMMERCE	Accelerator Sechsmonatiges Programm (einschließlich Workshops, Mentoring, Büroräumen) = 2 % Eigenkapital Booster-Programm + Investition von 25 T€ = 4 % Eigenkapital Booster-Programm + Investition von 50 T€ = 8 % Eigenkapital Booster-Programm + Investition von bis zu 150.000 € und Bewertung durch einen Dritten	https://nca.vc/	Hamburg
NX Food	Start-up-Programm der Metro. Bieten Meet-ups und unterstützen bei der Suche nach Investoren.	https://nx-food.com/startups	Düsseldorf
Oliver Stahl	Business Angel		DACHLI
Oyster Bay Venture	Early Stage – Series A Investor	https://oysterbay.vc/	Hamburg

15 Anlaufstellen und Infrastruktur 155

ProSiebenSat.1 Accelerator	Bieten Media-Leistung (Brutto-Volumen im ersten Schritt 1,5 bis 2,5 Mio. €) in Form von TV- und vielfältiger digitaler Werbung an, die als Convertible Note investiert wird und nach Ausstrahlung zu einem bestimmten Preis in 30- bis 33-%- Anteile des Unternehmens gewandelt wird.	https://foodinnovationcamp.de/partner/prosiebensat-1-accelerator/	Deutschland
Proveg	Inkubator für plant-based Food Start Ups. 20.000 € Startkapital und bis zu 180.000 € Finanzierung nach Absolvierung des Programms.	https://proveg.com/what-we-do/incubator/	International
Rewe Start-up Lounge	Start-up-Programm der Rewe Süd	Kontakt über Selda Morina	Süd-Deutschland
Rig Berlin	Kontakte zu den wichtigsten Einkäufern und Entscheidungsträgern aller großen Lebensmittelgeschäfte und Supermarktketten Zugang zu Start-up-Programmen mehrerer Supermarktketten	https://www.rigberlin.de	Berlin
Rootcamp Inkubator	Workshops und e-Learning, Netzwerk, Start-up-Coaches, Industrie-Experten. Auf Agri-Food spezialisiert. Partner von K+S. Office in Hannover. 100 % kostenfreies Programm mit bis zu 55.000 € Invest.	https://www.root.camp/	Hannover

(Fortsetzung)

Tab. 15.1 (Fortsetzung)

Name	Funktion	Webseite	Standort
Seedbed EIT Foot	Verschiedenste Angebote Seedbed Inkubator: Auf ein Vier-Tage-Bootcamp folgt ein sechsmonatiges Programm. 6000 € zu Beginn für die Marktvalidierung sowie Möglichkeiten weiterer Finanzierungen. Für Start-ups, die eine Seed- oder Series-A-Finanzierungsrunde anstreben und bereit sind, ihr Produkt, ihre Dienstleistung oder ihre Technologie zu pilotieren. RisingFoodStars: Für ehrgeizige Early Scale-ups, die an der Schwelle zum internationalen Wachstum stehen. Für frühe Scale-ups, die die Ideenphase hinter sich haben, über zahlende Kunden verfügen, für ein signifikantes Wachstum und eine globale Skalierung bereit sind.	https://www.eitfood.eu/projects/Seedbed	Internationa
Seedhouse	Accelerator-Programm für Start-ups mit Digitalisierungsideen	https://www.seedhouse.de/	Osnabrück
Square One Foods	VC Siehe Kap. 10 Finanzierung Fokus auf e-Commerce und Delivery	https://www.squareonefoods.com/	DACH
Tengelmann Ventures		https://tengelmann-ventures.com/	München

15 Anlaufstellen und Infrastruktur

The Kitchen FoodTech Hub	Ein Budget von 650.000 bis 750.000 US-Dollar für ein zweijähriges Programm mit gemeinsam vereinbarten Meilensteinen. Büroräume, Laborräume und administrative Dienstleistungen in Ashdod, Israel. Laufende Unterstützung bei der Geschäftsentwicklung durch ein erfahrenes Senior Management Team. Zugang zu Experten und Einrichtungen von The Strauss Group und anderen lokalen strategischen Partnern. Zugang zu zahlreichen internationalen Partnern.	https://www.thekitchenhub.com/	Israel
Vorwerk Ventures	Seed/Series A 1-Mio.- bis 10-Mio.-Tickets	https://vorwerkventures.com/	Berlin
Xcel von Metro	METRO Accelerator powered by Techstars ist ein Kurzzeitprogramm für langfristige Partnerschaften. Das dreimonatige Programm konzentriert sich auf Beratung, gemeinsames Lernen, Produkttests und Coaching für Investor Relations und Business Development. Das grundlegende Ziel ist es, ein Produkt oder eine Dienstleistung auf dem Markt einzuführen und zu skalieren und auf Fundraising hinzuarbeiten.	https://www.xcelentrepreneurs.com/	international

Literatur

1. Halecker B (2020) Dino trifft Einhorn: 55 Dinge, Die Unternehmen und Startups Voneinander Lernen müssen, um erfolgreich zu sein. Berlin

16

Ein paar letzte Tipps

Die Vielzahl der Themen kann einem schnell über den Kopf wachsen. Ein gutes Gründungsteam ist meines Erachtens zielführend. Dennoch kann es hilfreich sein, dir externe Unterstützung zu holen. Manchmal reicht ein einstündiges Telefonat, um dir tagelange Arbeit zu ersparen. Daher kann es hilfreich sein, einen Business-Mentor als Sparring-Partner zu finden. Ein Sparring-Partner kann dich durch alle Schritte deines Food Business begleiten und dir Türen öffnen, neue Perspektiven ermöglichen und dich bei Bedarf auf den Boden der Tatsachen zurückholen. Durch einen guten Sparring-Partner kannst du langfristig viel Geld durch vermiedene Fehler sparen und schneller zum Ziel kommen. [1]

Plane auch für Rückschläge: In jedem Business gibt es Hochs und Tiefs, plane deshalb entsprechende Phasen ein. Du kannst z. B. eine Analyse mit drei verschiedenen Szenarien entwerfen (bester Fall, schlechtester Fall, normaler Fall). Das hilft dir zum einen, besser mit Rückschlägen umzugehen, zum anderen denkst du frühzeitig darüber nach, mit welchen Strategien du Rückschläge überwinden kannst. [1]

Ein stationäres Ladenlokal

Falls du planst, einen eigenen stationären Laden zu eröffnen, sei dir darüber im Klaren, welche Konsequenzen das mit sich bringt: Sei dir bewusst, dass du den ganzen Tag im Laden stehen und darauf warten musst, dass Kundschaft kommt. Gerade zu Beginn wirst du dir maximal eine 450-€-Aushilfe als Vertretung leisten können, wenn du nicht selbst im Geschäft anwesend sein kannst oder willst. Am besten probierst du es erstmal aus und arbeitest als Angestellter in einem Laden mit, um ein besseres Gefühl dafür zu bekommen.

Wenn du dich für einen Laden entscheidest, bedenke bei der Auswahl auch dein Back-Office. Du benötigst Platz zum Lagern, für deine Büroarbeit und ggf. Platz zum Verpacken.

Unternehmenskauf

Möglicherweise planst du den Kauf eines existierenden Unternehmens. Auch dann gibt es einiges zu beachten. Vor allem brauchst du dabei unbedingt juristische Unterstützung! Diese musst du entsprechend einkalkulieren. Kaufe kein Unternehmen, das auf einer Personenmarke beruht.

Mach dir einen Marketingplan: Wie schaffst du es, existierende Kunden mitzunehmen?

Plane eine Übergangszeit, sofern möglich, bei der dir der aktuelle Besitzer noch beiseite steht.

Franchise

Eine weitere Möglichkeit ist, in ein Franchise-System einzusteigen. Dort ist der Anfangsinvest geringer und du profitierst von der etablierten Marke. Diesen Weg kannst du gehen, wenn du nicht genug Kapital hast für den Kauf eines Unternehmens und dich erst einmal ausprobieren willst.

Gib etwas zurück

Es ist wichtig, auch zurückzugeben! Spätestens, wenn du deinen Break-Even erreicht hast und ein erfolgreiches Unternehmen führst, solltest du auch daran denken, etwas zurückzugeben. Zum einen kannst du Menschen helfen, denen es schlechter geht als dir, und zum anderen wirst auch du dich dadurch besser fühlen.

Es gibt verschiedene Möglichkeiten etwas zurückzugeben, es muss nicht immer monetär sein: Du kannst kostenlose Vorträge an Schulen halten und Schüler ermutigen, den Weg des Unternehmers einzuschlagen. Du könntest Sachspenden deiner Produkte an Bedürftige verteilen. Du kannst Menschen eine Chance geben, sich als Mitarbeiter in deinem Unternehmen zu entwickeln. Du kannst als Mentor angehenden Gründern/Innen helfen.

„Arbeitszeit ist Lebenszeit." Volker Schmidt-Sköries von BioKaiser [2]

Alles im Leben ist ein Tausch, so auch unsere Lebenszeit. Für mich gibt es nichts Erfüllenderes als einen Impact in der Food-Branche zu haben. Ich wünsche dir, dass auch du mit deiner Geschäftsidee einen wertvollen Impact für eine bessere Lebensmittelzukunft hinterlässt.

Literatur

1. Oyediran J (2020) Just before you start that food business: the guide you need to startup
2. Schmidt-Sköries V (2019) Der Bäcker und sein Brot: Wie beseeltes Arbeiten und nachhaltiges Wirtschaften gelingt. Müchen. Droemer Knauer, München

Weiterführende Literatur und Buch-Empfehlungen der Experten

Barde M, Hochmann L (2019) Die Streuobstwirtschaft: Aufbruch zu einem neuen sozialökologischen Unternehmertum. oekom, München (Empfohlen von Christoph Jestädt)
Burnett B Evans D (2016) Designing your life: how to build a well-lived, joyful life. Penguin Random House, New York (Empfohlen von Cecilia Antoni)
Cardone G (2011) The 10X rule: the only difference between success and failure. John Wiley & Sons, New Jersey (Empfohlen von Mina Kordi)
Carnegie D (1989) Sorge dich nicht, lebe: Die Kunst zu einem von Ängsten und Aufregungen befreiten Leben zu finden. Fischer, Frankfurt (Empfohlen von Jörg Daunke)
Carnegie D (2013) Wie man Freunde gewinnt: Die Kunst, beliebt und einflussreich zu werden. Fischer, Frankfurt (Empfohlen von Eva Vollmer)
Clear J (2020) Die 1 % Methode: minimale Veränderung, maximale Wirkung. Goldmann, München (Empfohlen von Gabriele Riedl)
Coelho P (1988) Der Alchimist. Diogenes, Zürich (Empfohlen von Aaron Globes)
Covey S (2005) Die 7 Wege zur Effektivität: Prinzipien für persönlichen und beruflichen Erfolg. Fireside Book, New York (Empfohlen von Konstantin Jessen)
Davidis H (2019) Praktisches Kochbuch. Manuscriptum, Lüdinghausen (Empfohlen von Thomas Sampl)

Dweck C (2006) Mindset: the new psychology of success. Ballantine Books, New York (Empfohlen von Konstantin Timm)

Fortier J-M (2017) Biogemüse erfolgreich direktvermarkten. Löwenzahn, Innsbruck (Empfohlen von Orfeas Fischer)

Gisi N (2016) KAFFEE. Genuss – Passion – Wissenschaft. Hamburg (Empfohlen von Dr. Steffen Schwarz)

Hüther G (2018) Wie Träume wahr werden: Das Geheimnis der Potenzialentfaltung. Goldmann, München

Kast B (2019) Ernährungskompass: Das Fazit aller wissenschaftlichen Studien zum Thema Ernährung. C.Bertelsmann, München (Empfohlen von Dr. Helmut Leopold)

Kosikowski T, Riffelmacher J (2019) Salt & Silver Lateinamerika: Reisen, surfen, kochen. Neuer Umschau, Neustadt an der Weinstraße (Empfohlen von Darja Schneider)

Müller W (2021) Wurst herstellen: Fachwissen und Rezepte für selbst gemachte Wurst. Dorling Kindersley, München (Empfohlen von Martin Schneider)

Narain N, Phillips KN (2019) Rituale: self-care im Alltag. Dorling Kindersley, München (Empfohlen von Olga Graf)

Redzepi R, Zilber D (2018) The Noma guide to fermentation (Foundations of flavour). Artisan, New York (Empfohlen von Jan Kaltenthaler)

Reisner D (2017) Dirk Nowitzki – Vom Wunderkind zum Weltstar. teNeues, Krefeld

Renk E (2017) Das Feierabend Start-up: Risikolos gründen neben dem Job. Redline, München

Ries E (2011) The lean start up: how today's entrepreneurs use continuous innovation to create radically successful businesses. Penguin Random House, New York (Empfohlen von Julian Hantke)

Rosling H (2018) Factfulness: Wie wir lernen, die Welt so zu sehen, wie sie wirklich ist. Ullstein, Berlin (Empfohlen von Dan Anthes)

Schäfer B (2001) Die Gesetze der Gewinner: Erfolg und ein erfülltes Leben. dtv, München (Empfohlen von Julia Bonk)

Schneider W (2005) DEUTSCH! Das Handbuch für attraktive Texte. Rowohlt, Hamburg (Empfohlen von Lee Greene)

Sinek S (2014) Frag immer erst Warum: Wie Top-Firmen und Führungskräfte zum Erfolg inspirieren von Simon. Redline, München

Strelecky J (2008) Big Five for Life: Was wirklich zählt im Leben. dtv, München (Empfohlen von Malte Steiert und Vera Becker)

Strelecky J (2014) Das Cafe am Rande der Welt: eine Erzählung über den Sinn des Lebens. dtv, München (Empfohlen von Gina Benz, Anna Gliemer)

Weiterführende Literatur und Buch-Empfehlungen der Experten 165

„Student bei der Prüfung", Video aus dem Kapitel Regelbruch unter www.youtube.com/watch?v=euX_blW9pTg

Taleb NN (2013) Narren des Zufalls: Die unterschätzte Rolle des Zufalls in unserem Leben. Pantheon, München

Thelen F (2018) Frank Thelen – Die Autobiografie: Start-Up-DNA – Hinfallen, aufstehen, die Welt verändern. Murmann, Hamburg (Empfohlen von Amelie Vermeer)

Willink J (2020) Discipline equals freedom: field manual. Macmillan, New York (Empfohlen von Tristan Brümmer)

Wiseman L (2017) Multipliers: how the best leaders make everyone smarter. Harper Business, New York (Empfohlen von Raphael Fellmer)

Ziegler A (2018) Das Fette Buch | Burger, Bier & Fritten. Heel, Bonn (Empfohlen von Petra Nieding)

Ziegler J (2009) Imperium der Schande: Der Kampf gegen Armut und Unterdrückung. C. Bertelsmann, München (Empfohlen von Christian Dieckmann)

GPSR Compliance

The European Union's (EU) General Product Safety Regulation (GPSR) is a set of rules that requires consumer products to be safe and our obligations to ensure this.

If you have any concerns about our products, you can contact us on

ProductSafety@springernature.com

In case Publisher is established outside the EU, the EU authorized representative is:

Springer Nature Customer Service Center GmbH
Europaplatz 3
69115 Heidelberg, Germany

www.ingramcontent.com/pod-product-compliance
Lightning Source LLC
LaVergne TN
LVHW020346260326
834688LV00045B/1566